Matrimonio Sobrenatural

EL GOZO DE LA INTIMIDAD GUIADA POR EL ESPÍRITU

Daniel Wilson

Publicado originalmente en inglés por XP Publishing, bajo el título *Supernatural Marriage - the Joy of Spirit Led Intimacy.* © 2010.

Publicado por by XP Publishing
Un departamento de Christian Services Association
P.O. Box 1017
Maricopa, Arizona 85139
www.XPpublishing.com

ISBN-13:978-1-936101-49-8
ISBN-10: 1-936101-49-1

Impreso en los Estados Unidos de América

Recomendaciones

Dan Wilson guía a las parejas a una nueva dimensión en su unión, la cual refleja la unidad que los creyentes experimentarán eternamente con su Novio Jesús. Permita que su matrimonio sea transformado sobrenaturalmente por Dios, a través de las siguientes páginas.

CHÉ AHN
Pastor Principal, Harvest Rock Church
Presidente y Fundador, Harvest International Ministry

Daniel Wilson entreteje de manera brillante las historias de sus encuentros sobrenaturales con Dios y comparte cómo éstos han transformado su vida personal y su matrimonio. Al leer lo que él ha aprendido a través de estas experiencias, apreciarás cómo el vivir en la presencia sobrenatural de Dios trae grandes beneficios y bendiciones al matrimonio. Es un mensaje propicio y necesario para los matrimonios en la iglesia hoy en día.

RANDY CLARK
Fundador y Presidente,
"Despertar Global" (Global Awakening)

Las familias sanas son la espina dorsal de las naciones estables y prósperas. Hoy, más que nunca, necesitamos instrucción buena y sólida en cuanto a cómo disfrutar de un matrimonio que es como el cielo en la tierra. *Matrimonio Sobrenatural*, por el doctor Dan Wilson, será un refrigerio para su matrimonio y fortalecerá su fe para echar mano de la plenitud de todo lo que Dios tiene para ustedes en el matrimonio. No importa por cuáles circunstancias o situaciones han pasado, aquí se presentan llaves que les permitará abrazar nuevos comienzos.

PATRICIA KING
Presidenta de XPmedia

Mucho antes de que Dan comenzara a escribir este libro, los que conocemos personalmente a Dan y Linda hemos podido presenciar cómo se desarrollaron en sus propias vidas los conceptos aquí escritos. Han tenido un matrimonio bello y santo por años. ¡Es asombroso ver cómo un matrimonio ya ejemplar puede transformarse en un matrimonio sobrenatural! En gran manera ha profundizado la unidad, pasión, poder y gozo en el Espíritu Santo - y de eso trata las siguientes páginas.

BOB BEAVER
Pastor, Christian Church de San Angelo, San Angelo, Texas

Cuando el pueblo chino conoció a Dan y Linda por primera vez, quedaron sorprendidos porque aunque ellos ya eran abuelos, se comportaban como recién casados. Son uno en espíritu, corazón y mente en su caminar diario como cristianos fieles. Recomiendo este libro para quienes desean tener la plenitud matrmonial que viene como resultado de estar enfocado en el Señor. ¡Cualquier pareja que lee y sigue los preceptos de este libro jamás se divorciará!

"SEÑORITA CHOY"
Dirigente de una red de más de 700 iglesias en China

Cuando Dan y Linda visitaron Kenya, sus enseñanzas derrumbaron muros que Satanás había levantado en contra de nuestros matrimonios. ¡Las enseñanzas aquí compartidas causarán que la gloria de Dios se evidencie en sus matrimonios!

BRYSON AND NELLY NYONGESA
Líderes eclesiásticos, Kenya

Dedicatoria

Dedico este libro a Linda, mi compañera de toda la vida en nuestro matrimonio sobrenatural y mi amiga eternamente amada.

Agradecimientos

Si no fuera por el amor, la paciencia, misericordia y bondad de Dios, yo no tendría ni una sola palabra de consejo para dar a otros matrimonios. Dios me ha dado mucho más de lo que pedí o siquiera imaginé. ¡Gracias, Señor, por compartir conmigo los misterios del matrimonio sobrenatural!

Gracias a Patricia King, Bill Johnson, Robert Stearns, Keith Miller, y Brandy Helton por ayudarme a aprender cómo tener comunión íntima con el Espíritu Santo. Gracias, Bob Beaver, mi pastor y amigo. ¡Qué regalo más especial me dio Dios a través del doctor Paul Looney, quien me dio mi primer vistazo de lo que es la vida abundante en Cristo! Todos ustedes me han bendecido más de lo que puedo poner en palabras. Junto con ellos honro a Steve Mitchell, Misty Edwards, Jason Upton, Kimberly y Alberto Rivera, y Steve Swanson por llevarme a mí y a innumerables más a experimentar la presencia tangible de Dios a través de la adoración.

Gracias a Carol Martínez y a todo el equipo de XP Publishing por su profesionalismo al coordinar la publicación de este libro. Gracias a Alejandra Pedraza-Martínez por su excelente traducción y a Olivia Vargas por su cuidado al cotejar. Gracias, Ryan Adair, for sus sugerencias en la edición de la versión original. Agradezco a Clay Hejl por sus conceptos creativos y a Steve Fryer por el diseño de la cubierta. Steve Spencer bendijo el proyecto con su instrucción en teología y lingüística.

A mi esposa, Linda: ¿Cómo puedo expresarte la profundidad de mi aprecio por ti, la mujer que Dios escogió para ser mi esposa sobrenatural? Dios te usó para introducirme a Su amor y bondad tan inconcebibles. Eres mi mejor amiga y animadora. Este libro jamás se hubiera escrito sin tu inspiración, creatividad, sabio consejo y edición incansable.¡Gracias!

Contenido

PARTE DOS: EL PLAN DE DIOS
MATRIMONIO SOBRENATURAL

INTRODUCCIÓN

Durante la primavera del año pasado, mi esposa Linda y yo tuvimos el privilegio de dirigir una serie de conferencias sobre el matrimonio para parejas que iban a funcionar como padres en un nuevo orfanatorio en Kitale, Kenya. El Espíritu de Dios se presentó de manera notable durante los tres días que estuvimos reunidos. Al comenzar a enseñar lo que teníamos programado, Dios cambió las conferencias, convirtiéndolas en lo que Él deseaba que fueran. ¡Cómo nos gozamos todos los presentes! Era como si todos estuviéramos a los pies de Cristo, recibiendo instrucción sobre el matrimonio a través del "Espíritu de sabiduría e inteligencia" (Isaías 11:2).

Cuando nuestro tiempo ya estaba llegando a su fin, Bryson Nyongesa, un profeta de Kenya, me dijo, "Has de escribir un libro acerca del matrimonio". Mientras que estábamos en un aeropuerto en camino a casa, tanto Linda como yo recibimos una serie de revelaciones en cuanto al contenido del libro, así como el título –

Matrimonio Sobrenatural. Sin duda alguna, Dios nos había dado una pequeña probada de su sabiduría, junto con el entendimiento de cómo aplicarla. ¡Linda y yo estábamos asombrados por lo que Dios nos reveló ese día en cuanto a lo que habíamos de hacer!

Anteriormente, la idea de escribir un libro nos había parecido absurda. Yo me dedicaba tiempo completo a mi profesión de médico cirujano oftalmólogo, así que rara vez tenía tiempo para leer libros y menos había sentido el deseo de escribir uno. Sin embargo, cuando Dios me pidió que escribiera un libro comunicando la meta de tener matrimonios sobrenaturales en Su reino, la única respuesta apropiada era un entusiasta "¡sí!". Lo que antes había parecido una tarea abrumadora se convirtió en un deleite total.

Así pues, ¿qué exactamente es un matrimonio sobrenatural? Aunque se contestará esta pregunta mucho más en detalle a través de este libro, permíteme darte un breve anticipo:

Un matrimonio sobrenatural es el destino que Dios ha dispuesto para todo matrimonio establecido dentro de Su Reino – ¡una meta alta que concuerda con la gloria del cielo! Ninguna relación marital es perfecta, pero aun así, demasiadas veces nos conformamos con solo buscar y alcanzar metas mediocres en el matrimonio. Este libro establece un estándar para el matrimonio que es extremadamente alto – no para desanimar sino para estimular a todos los cónyuges a buscar y experimentar las maravillas que solo están disponibles a aquellos que funcionan dentro de la dimensión sobrenatural.

Un matrimonio sobrenatural está lleno de la presencia, pasión y poder de Dios. La gloria de Dios está constantemente presente y siempre disponible para aquellos que lo buscan. Cuando Su gloria invade la unión de un hombre y una mujer en el matrimonio, el resultado es que ocurre una transformación milagrosa en cada uno de ellos individualmente, a la vez que en ambos como una sola carne. Los cónyuges involucrados en esta clase de relación matrimonial están llenos de paz más allá de la comprensión humana. Estos cónyuges están capacitados a ser efectivos en el matrimonio porque poseen el fruto del Espíritu y viven con el favor que viene directamente de la mano de Dios. ¡Son abundantemente bendecidos!

Las claves para entrar a un matrimonio sobrenatural son tener intimidad con Dios y aceptar Su señorío. Experimentar la gloriosa presencia de Dios en la intimidad con Él nos cambia, acercándonos más y más a ser quienes fuimos creados para ser. Sin embargo, Dios no permitirá que lo experimentemos continuamente de esta manera hasta que Su señorío total se haya establecido en nosotros. Usando estas llaves, todo cónyuge tiene acceso para entrar y progresar, de gloria en gloria, a través de las asombrosas bendiciones que Dios anhela que Sus hijos disfruten dentro del matrimonio.

Linda y yo verdaderamente disfrutamos de estar casados. ¡Qué camino más maravilloso ha sido para ambos! En *Matrimonio Sobrenatural*, compartiré conceptos, verdades y filosofías de matrimonios que han sido de valor para nosotros a través de nuestros veintiocho años juntos. Al compartir nuestra jornada con ustedes, también revelaré algunas experiencias muy personales e íntimas acerca de nuestros encuentros sobrenaturales con Dios. El conocimiento íntimo de Dios solo se puede recibir a través de la participación en la dimensión sobrenatural. Al conocerlo a Él, se nos conceden "todas las cosas que necesitamos para vivir como Dios manda (2 Pedro 1:3 nvi). Sólo conforme vivamos en Su presencia es que descubriremos la fuente de vida abundante que está disponible a todos nosotros. Tristemente, demasiadas veces este poder divino no es aprovechado por las personas a quienes Dios ha llamado para recibirlo, y cuya herencia es.

Conocer a Dios es amarlo, porque "Dios es amor" (1 Juan 4:8). Linda y yo hemos descubierto que entre más podemos recibir el amor de Dios, más podemos amarnos mutuamente. Su amor sobrenatural nos ha transformado a los dos y nos ha bendecido con un matrimonio que ha excedido mucho más allá de nuestras más grandes expectativas. Esta bendición se nos dio no a causa de algo que hayamos hecho, sino a causa de Su propio propósito y gracia (2 Timoteo 1:9). Dios ha hecho para nosotros mucho más abundantemente de lo que pedimos o entendemos (Efesios 3:20).

La meta de Dios para tu matrimonio es la misma meta que Él tiene para el nuestro, aunque nuestras travesías sean muy diferentes. Su deseo es llevarte a ti y a tu cónyuge, de manera amorosa y con propósito, a la dimensión sobrenatural, donde ambos verdaderamente lleguen a ser uno —en cuerpo, alma y espíritu—el uno con el otro y también con Él. Que Dios les bendiga en esta aventura de caminar en la dimensión de lo sobrenatural y permitir que sus matrimonios sean transformados por Su amor y poder.

Parte Uno:

FUNDAMENTOS
PARA UN
MATRIMONIO SOBRENATURAL

Capítulo Uno

¡Lo santo es divertido!

"¡Lo santo es divertido!" Éstas son las palabras que mi esposa, Linda, escuchó recientemente mientras que nadábamos en una alberca del club deportivo local. Sólo faltaba un día antes de dar una conferencia sobre el matrimonio a un grupo de personas. Ambos estábamos sintiendo la presión. Ambos sabíamos que algo faltaba en nuestra presentación, pero no sabíamos qué era exactamente. ¡Necesitábamos una revelación fresca de Dios y la necesitábamos pronto! Ambos confiábamos que Dios proveería justo lo que Él quería que los asistentes escucharan, y no nos sentimos desilusionados con lo que nos dio ese día. Pronto nos mostró su fidelidad asombrosa como ya lo había hecho tantas veces antes a través de nuestras vidas.

Linda y yo nadamos con frecuencia para ejercitar nuestros cuerpos y para aflojar nuestras coyunturas que con el paso de los años se hacen más tiesas. Para simplificar el asunto, nadamos usando máscaras y tubos de buceo. El uso de estos aparatos nos ayuda a nadar tan lento o rápidamente como deseamos, sin tener que distraernos pensando dónde, cuándo o cómo respirar. El tiempo pasa lentamente cuando estamos nadando juntos, debido a que no podemos conversar con nuestras cabezas hundidas en el agua. Como todos sabemos, el tiempo pasa mucho más rápidamente cuando estamos conversando con otra persona. Además, ¡no hay nada menos interesante que el fondo de cemento de una alberca!

Sin embargo, con el paso del tiempo, Linda y yo hemos aprendido que pasar estas horas en el agua fresca de la alberca puede ser un tiempo productivo y disfrutable para empaparnos en la dulce presencia del Padre. Mientras nadamos, virtualmente no hay nada que nos distraiga de nuestra comunión con Dios. Podemos orar y declarar bendiciones sobre amigos misioneros viviendo en cualquier continente del mundo, o interceder por asuntos acerca de nuestros corazones. Mientras nadamos en el agua, se ha convertido en algo muy natural tener comunión con Jesús, nuestro Salvador y amigo. No hay mejor lugar que el área más profundo de la alberca, donde podemos pedir y recibir el agua viviente del Espíritu Santo descrito por Jeremías, Zacarías, Juan y el libro de Apocalipsis. ¿Qué mejor lugar donde escuchar el susurro de Dios (1 Reyes 19:11-12; Salmo 46:10) que en este ambiente de casi silencio total?

Este día en particular, mientras estaba en la alberca, Linda cambió su patrón acostumbrado de comunión con Dios. En vez de estar pensando activamente en las cosas por las cuales quería orar, ella solo le hizo una pregunta a Dios: "¿Qué es lo que quieres que yo diga mañana por la noche?" Mientras nadaba, Linda esperó pacientemente, atenta para escuchar la respuesta de Dios a su pregunta. Después de dar tres vueltas a la alberca, ella escuchó con mucha claridad las palabras que entraron a su mente y su espíritu: "¡Lo santo es divertido!" Un tanto confundida, su respuesta inmediata fue preguntar silenciosamente cuál era el significado de esa frase. Nuevamente escuchó con claridad en su mente y espíritu la misma frase: "¡Lo santo es divertido!"

EL PATIO DE RECREO DE DIOS

El Espíritu Santo trajo a su mente un sermón que ella había escuchado varios años antes. El predicador contó una historia acerca de una escuela cuyo patio de recreo estaba junto a una calle muy transitada en cierta ciudad. No había una barda protectora entre la calle y el patio de recreo, así que tanto los alumnos como los maestros percibían el peligro que estaba presente. En esta atmósfera, los alumnos de kinder se mantenían muy cerca a su maestra durante el tiempo de recreo en vez de jugar en el campo abierto, a pesar de que éste era muy amplio. Aunque esto les hacía sentirse más seguros, también los privaba de las muchas áreas y actividades disponibles en el patio de recreo. Los niños no podían disfrutar plenamente de su recreo porque el área provista para ese fin les parecía traicionera y peligrosa.

Los líderes de la escuela, conscientes del riesgo que corrían los niños al jugar tan cerca de la calle, mandaron hacer una cerca resistente alrededor de las orillas del campo del recreo. En poco tiempo, aun los niños más pequeños que anteriormente no querían alejarse de su maestra estaban corriendo, jugando a la pelota, paseándose en los columpios y jugando entusiastamente en cada espacio de la propiedad. Estaban llenos de gozo y reían porque tenían un lugar verdaderamente seguro donde no había el peligro de los carros que transitaban tan cerca. Lo que antes les había causado temor ahora les parecía divertido gracias a la barrera que los separaba del tráfico peligroso de la calle.

El matrimonio en muchos sentidos es como ese patio de recreo cercado. En la Palabra escrita de la Biblia, a través de dirección directa y la guía personal del Espíritu Santo, Dios establece barreras sabias, fuertes, e increíblemente importantes alrededor del "patio de recreo" matrimonial de Sus hijos. Toda actividad dentro de estos límites es permitida, recta y buena, conformándose a la voluntad perfecta de Dios. Cualquier cosa fuera de estos límites es profano, pecaminoso, y fuera de la voluntad de Dios. Cualquier cosa fuera de estos límites es la calle donde no se nos permite jugar a causa de los riesgos de peligro que existen.

LA SANTIDAD DE DIOS Y EL MATRIMONIO

Dios siempre es totalmente santo, y es Su voluntad que el pacto matrimonial sea totalmente santo también. La santidad es la esencia de quién y qué Él es. Porque es imposible que Él cambie (Malaquías 3:6), Él no puede actuar fuera de su carácter, ni lo hará. Y porque hemos sido creados a Su imagen, es Su deseo que seamos como Él, lo más completamente como sea posible, tanto como individuos como compañeros en el matrimonio.

Conforme crecemos en santidad, honramos a Dios como nuestro Creador y honramos la belleza y la perfección de Su plan. Nuestra santidad agrada en gran manera al Padre. Es más, Él demanda que seamos santos, así como Él es santo. Ésa es la razón por la cual, cuando estableció la Ley para el pueblo de Israel, Dios le dijo repetidas veces a Moisés: "Habla a toda la congregación de los hijos de Israel, y diles: Santos seréis, porque santo soy yo Jehová vuestro Dios" (Levítico 19:2, 11:44-45).

Parecido a ese patio de recreo cercado, el pacto matrimonial es un lugar de total seguridad. Porque Dios es santo, y demanda que nosotros seamos santos como individuos, nuestra única conclusión puede ser que Él anhela santidad dentro de nuestros matrimonios, también. El escritor de la epístola a los Hebreos lo dice de la siguiente manera:

> "Honroso sea en todos el matrimonio, y el lecho sin mancilla; pero a los fornicarios y a los adúlteros los juzgará Dios" (Hebreos 13:4).

Correctamente se ha dicho: "No hay lugar más seguro que el centro de la voluntad de Dios". Los confines protectores del matrimonio fueron establecidos hace mucho por Dios mismo, y se demostraron en el matrimonio original en el Huerto del Edén (Génesis 2). Los cimientos de las cercas de Dios fueron puestos con su amor eterno por nosotros, y las estructuras de estas barreras fueron levantadas usando sabiduría y entendimiento. Han sido construidas con verdad que nunca cambia, y demuestran, tanto al mundo como a nosotros, la bondad absoluta de Dios. No fueron establecidas porque Dios no quería que experimentáramos placer, sino que estas barreras fueron levantadas para que pudiéramos divertirnos de lo más posible dentro del contexto del matrimonio. Tenemos que recordar que ¡lo santo es divertido!

Un matrimonio verdaderamente conectado a la santidad de Dios es algo asombroso. En esta clase de relación podemos dejar caer todas nuestras defensas y simplemente "ser" en vez de siempre estar haciendo y tratando de desempeñar. Cumpliremos con el destino para el cual fuimos creados, para poder disfrutar conforme caminamos en la santidad del matrimonio. En este lugar todo es compartido libremente y no existe barrera alguna entre marido y esposa. No hay temor en cuanto a lo que el cónyuge pueda pensar, ni hay duda en cuanto a las motivaciones de los actos del otro. En el patio de recreo de Dios, llamado el matrimonio, se nos anima a amar profunda y libremente, a reírnos y a jugar, sin temor a los peligros que existen fuera de los límites establecidos por Dios.

No ha habido ninguna restricción por parte del Padre al demostrarnos su amor a través del regalo de Jesús. Sólo fue por su gran amor por nosotros, y Su deseo de entrar en relación con nosotros, que el Padre le dio a Jesús el poder para romper el poder del pecado y colocarnos nuevamente en la relación correcta con Él. "Porque de tal manera amó Dios al mundo, que ha dado a su Hijo unigénito, para que todo aquel que en él cree, no se pierda, mas tenga vida eterna." (Juan 3:16). Pablo pregunta: "El que no escatimó ni a su propio Hijo, sino que lo entregó por todos nosotros, ¿cómo no nos dará también con él todas las cosas?" (Romanos 8:32).

De igual manera, Él nos insta en el matrimonio a no restringirnos cuando verbalizamos y demostramos nuestro amor el uno por el otro, porque no hay nada que uno deba de guardar para sí en el mutuo dar de amor entre marido y mujer.

FRUTO A TRAVÉS DE LA INTIMIDAD CON JESÚS

El patio de recreo del matrimonio ha sido diseñado para estar continuamente lleno del fruto del Espíritu. Pablo nos da una lista de lo que consiste el fruto del Espíritu cuando escribe: "Mas el fruto del Espíritu es amor, gozo, paz, paciencia, benignidad, bondad, fe, mansedumbre, templanza; contra tales cosas no hay ley" (Gálatas 5:22-23). La descripción de este fruto es sencillamente una lista de los atributos más prominentes de Dios. Estas características son fruto producido en nuestras vidas por el Espíritu de Dios. Porque se nos manda a ser santos porque Dios es santo, este fruto es solo el flujo del carácter de Dios que se está produciendo en nosotros y que está obrando a través de nosotros. Esta lista de frutos ilustra cómo Dios trata a otros dentro de relaciones interpersonales íntimas, y también establece el estándar de oro en cuanto a cómo nos debemos tratar el uno al otro en nuestras relaciones interpersonales – especialmente dentro del matrimonio.

El Espíritu Santo planta y cultiva el fruto en nosotros cuando le permitimos habitar dentro de nuestros corazones. Las características de este fruto no son maneras de vivir que aprendemos a seguir o que luchamos por alcanzar, sino que son atributos revelados sobrenaturalmente que han sido transferidos a nuestro hombre interior. El fruto espiritual jamás se producirá solamente por el esfuerzo humano. No puede ser fabricado o imitado exitosamente. Sólo puede ser adquirido cuando es dado por el Padre y recibido por Sus hijos como un regalo.

El triste hecho es que el fruto del Espíritu frecuentemente se ausenta de los matrimonios porque los individuos involucrados no han tenido éxito en conectarse íntimamente con el Espíritu Santo, Quien es la única fuente posible de dicho fruto. Parecería que esto sería algo obvio para todos, pero para muchos, no lo es. Es más, Gálatas 5:22 por lo general se enseña en las iglesias con un acercamiento de enseñanza cognitiva, que es esencialmente una presentación humanista de cómo recibir este fruto a través del entendimiento y esfuerzo humano. Se nos dice que si tratamos de vivir en paz, sonriendo continuamente, portándonos bien cuando los demás nos están viendo, ejerciendo dominio propio (con excepción de esas veces cuando la tentación es demasiada fuerte), entonces caminar en esas cualidades llegará a ser más fácil para nosotros... la mayoría del tiempo. Esta clase de enseñanza está totalmente falta de poder, es teológicamente incorrecta, y excesivamente peligrosa. Está en oposición directa a lo que Pablo está diciendo en este pasaje. El fruto producido por el Espíritu se manifiesta en nosotros porque nos cambia a nosotros como individuos – la misma esencia de nuestro ser.

La verdad es que el fruto del Espíritu es una porción de "los ríos de agua vida" (Juan 7:38) que fluirán de nuestras personas y de nuestros matrimonios cuando hayamos recibido la santidad de Dios y estemos caminando en dicha santidad. Sin embargo, estos ríos fluirán solo cuando estamos íntimamente conectados con Jesús, el Padre y el Espíritu Santo (2 Corintios 13:14). Cuando apasionadamente buscamos la presencia del Espíritu en nuestras vidas y en nuestros matrimonios, honramos la oración de Jesús: "que también ellos sean uno en nosotros; para que el mundo crea que tú me enviaste" (Juan 17:21).

Es el plan de Dios que el mundo crea en Jesús porque nosotros, Sus discípulos, estamos tan íntimamente conectados con el Padre que producimos las cualidades del carácter del Padre en nuestras vidas diarias. Las cualidades del carácter del Padre son conocidas también como el fruto del Espíritu.

No se puede imitar este fruto por un tiempo prolongado. Es posible fingir la manifestación externa del fruto del Espíritu por cierto tiempo, pero tarde o temprano, quienes realmente somos saldrá a la superficie. Es imposible experimentar cualquier forma de agua viviente dentro de nuestros matrimonios con simplemente esforzarnos más o a través del estudio de la Biblia. El fruto del Espíritu solo se puede recibir como un regalo o don espiritual, lo cual es una impartición divina. Se manifiesta en nuestras vidas como evidencia de su implantación sobrenatural en la misma esencia de nuestro ser. Literalmente transforma quienes somos en nuestro mismo corazón y nuestra alma.

Una vez que hemos recibido este regalo, realmente poseemos el fruto del Espíritu. Es nuestro y llega a ser una parte muy significante de quienes somos. Esto es consistente con la voluntad de Dios, porque el fruto del Espíritu son las cualidades del carácter de Dios. Es, en un sentido muy real, quien Dios es. El Padre quiere que maduremos y crezcamos, llegando a ser como Él. Es por eso que Jesús nos dijo: "Sed, pues, vosotros perfectos, como vuestro Padre que está en los cielos es perfecto" (Mateo 5:48) y la razón por la que Pablo le dijo a los efesios "Sed, pues, imitadores de Dios como hijos amados" (Efesios 5:1). No nos dijeron que esperáramos algo que en realidad jamás podríamos lograr —pero porque nos dijeron que nuestra búsqueda debiera ser llegar a ser como el Padre, entonces tenemos que concluir que es posible imitar a nuestro Padre que está en el cielo. Todo buen padre tiene el deseo de que sus hijos crezcan y sean una buena representación de él, y Dios definitivamente no es una excepción.

SEGURIDAD EN EL PATIO DE RECREO DEL MATRIMONIO

Cuando ambos cónyuges claramente poseen el fruto del Espíritu dentro de un matrimonio sobrenatural, el Padre es doblemente honrado y está doblemente complacido. Eso es porque está siendo honrado y se siente complacido por ambos, marido y esposa. Cuando estas cualidades constantemente se demuestran en la vida de ambos cónyuges, el agua viviente fluye libremente en su relación. El patio de recreo es totalmente seguro cuando los límites establecidos por Dios se han colocado sólidamente en su lugar. El amor del uno por el otro es sin medida, su gozo juntos no se restringe, caminan en paz que sobrepasa todo entendimiento y son pacientes y amables el uno con el otro, aun dentro de sus imperfecciones. El otro siempre da por hecho que las intenciones del otro son buenas, aunque en la mente humana pueda parecer al contrario. Hay total fidelidad, sin ni siquiera un pensamiento, una sugerencia o broma en cuanto a la infidelidad. La dureza no tiene lugar dentro del pacto del matrimonio, y la gentileza prevalece en su trato del uno con el otro porque el dominio propio está consistentemente presente.

¡Qué lugar más maravilloso y seguro en el cual vivir! Vivir dentro de un matrimonio sobrenatural demuestra bellamente lo que Jesús le pidió al Padre cuando oró: "Venga tu reino. Hágase tu voluntad, como en el cielo, así también en la tierra" (Mateo 6:10). ¿Suena esto como algo demasiado idealista, exagerado o aun extremo? ¿Te parece que el concepto del matrimonio sobrenatural es imposible para ti en tu situación particular? Aun las personas con buenas intenciones te pueden decir que ninguna pareja casada debe esperar llegar a disfrutar del gozo del cielo mientras que está viviendo en la tierra. Jesús, sin embargo, te mira y dice: "para los hombres esto es imposible; mas para Dios todo es posible" (Mateo 19:26, énfasis mío). ¿Crees que Jesús sólo lo dijo por decirlo, o crees que lo dijo con toda intención? ¿Y crees que verdaderamente lo dijo para ti y para tu matrimonio?

Linda y yo estamos totalmente confiados de que esta clase de matrimonio es posible. No es posible a través de tus propios esfuerzos e intentos de ser un mejor cónyuge. No, el matrimonio sobrenatural solo vendrá conforme te enfoques totalmente en lo correcto: vivir en comunión con Dios a diario. Sólo será, conforme nos mantengamos conectados con el Padre a través de la intimidad, que podremos demostrar el fruto del Espíritu de Dios en nuestras relaciones matrimoniales.

Linda y yo hemos experimentado gozo inesperado y asombroso en nuestro matrimonio. El Espíritu Santo nos ha traído a dimensiones de intimidad con Dios y el uno con el otro que no sabíamos que existía anteriormente. Permitir que la obra sobrenatural de Dios entre y transforme nuestras vidas sobrenaturales ha sido la llave para el acceso a una vida matrimonial mucho más allá de lo que pudiéramos haber pedido o siquiera imaginado. Ha ocurrido de acuerdo a Su poder y Su fuerza, no por nuestros propios esfuerzos. "Y a Aquel que es poderoso para hacer todas las cosas mucho más abundantemente de lo que pedimos o entendemos, según el poder que actúa en nosotros" (Efesios 3:20).

Tú también puedes transformar tu matrimonio en el patio de recreo seguro, tal como fue la intención original de Dios. Esta transformación está disponible a cualquier creyente que permite que llegue a ser el verdadero deseo de su corazón. El Salmo 20:4 dice: "[Que Dios] te dé conforme al deseo de tu corazón, y cumpla todo tu consejo.."

El salmista también dice: "Deléitate asimismo en Jehová, y él te concederá las peticiones de tu corazón." (37:4). Podemos estar mejor preparados para el santo matrimonio a través de estudios bíblicos, consejería y un entendimiento mental del significado de este concepto. Pero todo sólo puede ser percibido y recibido en la dimensión sobrenatural - como una obra del Espíritu y la gracia de Dios. Linda tenía razón —no hay duda alguna — ¡lo santo es divertido!

Capítulo Dos

LA TENSIÓN DE LAS DOS DIMENSIONES

En este capítulo quiero explicar cómo usaré las palabras "sobrenatural" y "natural", y la tensión que existe entre las dos dimensiones. Siendo que el término "sobrenatural" a veces conlleva connotaciones negativas, ayudará a definir cómo lo uso a través de este libro.

Firmemente creo que hay una dimensión natural en donde vivimos, y una dimensión sobrenatural que existe fuera de la dimensión natural. Jesús aludió a ambas en Su oración al Padre: "No ruego que los quites del mundo, sino que los guardes del mal." (Juan 17:15). Hemos de orar que el reino del cielo invada la dimensión de la tierra: "Padre nuestro que estás en los cielos, santificado sea tu nombre. Venga tu reino. Hágase tu voluntad, como en el cielo, así también en la tierra." (Mateo 6:9-10). Hemos de vivir como ciudadanos de otro mundo mientras vivamos en este mundo presente: "Mas nuestra ciudadanía está en los cielos, de donde también esperamos al Salvador, al Señor Jesucristo" (Filipenses 3:20).

DOS DIMENSIONES QUE COMPITEN ENTRE SÍ

"Lo natural" puede definirse como el universo externo, observable y medible que nos rodea y que existe dentro de las limitaciones del tiempo. Estamos tan conscientes de la dimensión natural que nos rodea que es fácil hablar acerca de ella y comprenderla. De hecho, la ciencia nos ha hecho creer que la realidad no existe más allá de las limitaciones del mundo natural físico, de las cosas que son perceptibles con nuestros sentidos y explicables por la naturaleza humana.

El pensamiento secular dentro de la cultura occidental, y aun dentro de la iglesia occidental, está fuertemente arraigado en esta búsqueda de verdad científica y tangible. En general, nuestra sociedad no acepta la validez o importancia de las experiencias humanas fuera del ámbito natural que no puedan ser explicadas con razonamiento humano.

Debido a esto, muchas iglesias e instituciones cristianas enseñan y discuten los eventos sobrenaturales de la Biblia únicamente desde una perspectiva exclusivamente histórica, sin vislumbrar o siquiera esperar que Dios actúe hoy en día de maneras sobrenaturales. La mayoría sí reconoce que en el pasado Dios fue el autor de grandes señales y maravillas a través de hombres mortales. Muchos también creen que habrá aun mayores demostraciones de lo sobrenatural cuando Jesucristo retorne. Sin embargo, frecuentemente se enseña que en el tiempo presente, nuestras vidas están casi totalmente restringidas a la dimensión natural, física.

El resultado es que muchos creyentes tienden a creer en la falsedad de que aunque hemos recibido la salvación de manera sobrenatural a través de la gracia de Dios, todas las demás experiencias con Dios en esta dimensión sobrenatural son peligrosas y debemos evadirlas totalmente. ¡Cuán trágico es esto! Si el Dios de la Biblia realizó eventos sobrenaturales a través de la historia, y los volverá a realizar en el futuro, ¿por qué creemos en la mentira de que no se está moviendo de esta manera en nuestro tiempo presente?

Dios no realizó Milagros por miles de años, y luego de repente dejó de hacerlos en nuestro tiempo. Lejos de ello, Él es un Dios de lo sobrenatural, que desea comunicarse con nosotros de la misma manera en que se comunicó con las personas de quienes leemos en las Escrituras. Las experiencias sobrenaturales con Dios no son algo que debemos temer, menospreciar o totalmente evitar, todo lo contrario, ¡deben ser abrazadas por cristianos en todas partes como una realidad presente!

Conectándonos con el Espíritu de Dios

Dios comenzó la creación del mundo usando su poder sobrenatural. Creó al primer hombre, Adán, a su imagen y semejanza. La Trinidad, al hablar entre sí de la creación del hombre, dijo: "Hagamos al hombre a nuestra imagen, conforme a nuestra semejanza". Luego dice: "Y creó Dios al hombre a su imagen, a imagen de Dios lo creó; varón y hembra los creó" (Génesis 1:26-27). Todos los seres humanos fuimos creados a semejanza de Dios en muchas maneras. Dios es Espíritu (Juan 4:24) y también lo somos nosotros. Así que no hay duda alguna de que la participación en la dimensión sobrenatural puede y debe ser normal para los que somos hijos de Dios.

Porque Dios nos creó a su imagen, nosotros también tenemos espíritu. Cuando nos comunicamos con Dios, es nuestro espíritu tocando Su Espíritu. "Dios es Espíritu; y los que le adoran, en espíritu y en verdad es necesario que adoren." (Juan 4:24). Cuando nos comunicamos con Dios, nos estamos conectando con Él a través de nuestro espíritu, no con algún otro aspecto de nuestro ser.

Para Linda y un servidor, experimentar al Espíritu Santo como el centro de nuestro matrimonio ha sido la llave para abrir la puerta a disfrutar nuestras vidas juntas de manera más plena. El toque sobrenatural de Dios nos ha llevado a experimentar el gozo de una dulce intimidad con Él y también el uno con el otro. Hemos aprendido que sus caminos, o maneras de hacer las cosas, las cuales son sobrenaturales, no son nuestros caminos, los cuales son naturales (Isaías 55:8). Entre más crecemos y caminamos con Él, más estamos aprendiendo que vivimos por fe en la dimensión sobrenatural, no por vista (2 Corintios 5:7).

Es totalmente natural para nosotros, como embajadores del Reino de Dios, participar regularmente en su reino sobrenatural, y debe ser la experiencia de cada creyente. Como la mayoría de lo que se hereda de Satanás, quien es el "padre de mentiras" (Juan 8:44), la percepción común de que lo sobrenatural sea raro y extremoso, es, en realidad, totalmente opuesto a la verdad. No hay nada más normal que un hijo amado de Dios se comunique íntimamente, espíritu a Espíritu, con Abba Padre. Lo descabellado es tratar de relacionarse con Dios únicamente en un nivel racional.

En el matrimonio santo, también nos relacionamos, espíritu a espíritu, con nuestros cónyuges. Siendo que Dios nos creó y nos colocó dentro del pacto matrimonial, es completamente predecible que conforme nos conectamos más íntimamente con Dios, más nos capacitamos para relacionarnos más íntimamente como cónyuges. Esto se aplica tanto a nuestra relación física, natural, así como a nuestra relación espiritual, sobrenatural, dentro del matrimonio. Juntos, marido y esposa, pueden ser más completamente "una sola carne" (Génesis 2:24) a través de la presencia del Espíritu Santo que mora dentro de ellos. Hay un vínculo que toma lugar en la ceremonia del matrimonio que es totalmente sobrenatural, y sólo Dios puede lograr esto. Hay una unión de espíritus entre el marido y su esposa en la cual los dos individuos literalmente se convierten en "una sola carne". Cuando Adán primeramente vio a la mujer que fue tomada de su costilla, él dijo, "Esto es ahora hueso de mis huesos y carne de mi carne" (Génesis 2:23). Luego dice: "Por tanto, dejará el hombre a su padre y a su madre, y se unirá a su mujer, y serán una sola carne." (Génesis 2:24).

"HECHOS" CIENTÍFICOS OPUESTOS A LA REALIDAD SOBRENATURAL

Personalmente me asombra cómo nos aferramos a muchas posturas científicas, a pesar de que posteriormente surgen hechos innumerables que comprueban que lo creído no es verdad. Por ejemplo, la teoría de la evolución se enseña continuamente en las escuelas, y aun en algunos lugares es ley enseñarlo como si fuera un hecho comprobado. Y sin embargo, los que abrazamos las enseñanzas de la Biblia sabemos a ciencia cierta que la evolución es una teoría totalmente errónea. En el pasado, el hombre creyó por muchos siglos que la tierra era plana – pero esta creencia fue comprobada totalmente falsa a la luz de nuevo conocimiento.

Otro ejemplo interesante se encuentra en la descripción del nervio óptico en la parte trasera del ojo. Debido a las limitaciones de los instrumentos que se usaban para examinar al ojo en el siglo diecinueve, los médicos creían y enseñaban que el centro del nervio óptico era una protuberancia convexa. Pero al mejorar los instrumentos médicos con el paso de los años, se comprobó una verdad totalmente diferente: que el centro del nervio óptico en realidad es cóncavo.

Los hechos "científicos" cambian con el tiempo. Pero las realidades espirituales y sobrenaturales no cambian. Porque las realidades sobrenaturales vienen de Dios, sabemos que son como Jesús, quien es "el mismo ayer, y hoy, y por los siglos" (Hebreos 13:8) – nunca cambia. La Verdad siempre supera a los hechos.

La dimensión sobrenatural incluye muchas cosas que no son medibles, controlables, o fácilmente captadas por la mente humana. Es más, aunque nuestro mundo se enfoca mucho en la medición de tiempos y horas, el tiempo tiene poco significado dentro del reino sobrenatural porque existe en un ámbito eterno y espiritual.

Dios continuamente vive en la dimensión sobrenatural, así como los poderes de las tinieblas que tratan de oponerle. Nuestras experiencias en la dimensión sobrenatural pueden ocurrir como resultado de nuestra participación en el reino de tinieblas o en el Reino Glorioso de Luz de Dios. Sin embargo, estoy usando la palabra "sobrenatural" a través de este libro para hacer referencia a las interacciones espirituales con el Dios vivo y verdadero. Estas experiencias pueden transformar nuestros matrimonios de manera dramática.

DIMENSIONES QUE SE TRASLAPAN

Tendemos a separar los conceptos de lo natural y sobrenatural, excluyendo el uno del otro.por la manera en que fui criado en este mundo, y posteriormente, por mi entrenamiento como científico, yo también tendía a ver a estas dos dimensiones de la misma manera. Excluía de mi sistema de creencias eventos que entraban en conflicto con lo que yo podía observar en la dimensión física y natural. Pero entre más experiencias tengo en la dimensión sobrenatural, más veo como estas dos dimensiones se traslapan. La Gloria de Dios causa cambios fundamentales en nuestro entendimiento tanto de la dimensión natural como la sobrenatural.

Dimensiones que se traslapan

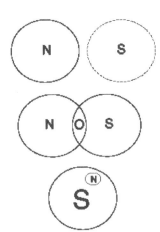

Figura 1

Muestra la perspectiva del mundo acerca de las dimensiónes: la dimensión natural observable (N) está totalmente separada de la sobrenatural (S) "que posiblemente existe".

Figura 2

Percibir la gloria sobrenatural de Dios a través de nuestros sentidos naturales incrementa nuestra consciencia del hecho que ambas dimensiones se traslapan (O).

Figura 3

La realidad es que la dimensión natural es una parte muy pequeña de la dimensión sobrenatural - es tan grande y compleja que es incomprensible a nuestras mentes humanas.

El talento humano

Un ejemplo de cómo lo natural y lo sobrenatural se traslapan puede encontrarse en lo que llamamos talento humano. Usamos la palabra "talento" cuando describimos una capacidad o aptitud que se destaca, o la habilidad de hacer algo particularmente bien. Los talentos nos son otorgados gracias a la voluntad de nuestro Creador Soberano, quien nos hizo a cada uno exactamente como Él quiso. Estamos plenamente equipados a cumplir nuestra tarea asignada en su Reino Eterno. Los talentos nos han sido dados con la intención de que los usemos para propósitos nobles, y pueden ser herramientas poderosas para el cumplimiento de nuestro destino.

Dios nos permitirá usar estos talentos en el mundo natural aun sin que nos sometamos a Su Señorío. Frecuentemente vemos a individuos extremadamente talentosos que hacen alarde de su estilo de vida hedonista mientras que se burlan de Aquel quien les dio las habilidades que los hizo famosos; pero aun cuando eso ocurre, Dios no les quita los dones divinos que les fueron dados. Lo que puede que no sea obvio, sin embargo, es que cuando se usan esos dones sin honrar a Quien se los dio, nunca se podrán desarrollar a su potencial total. Se mantienen relativamente inmaduros, aunque puedan parecer talentos impresionantes a quienes los observan. El talento de cualquier persona puede aumentar dramáticamente cuando la persona recibe unción de Dios y el talento se santifica, o se aparta, para los propósitos de Dios.

Talento Humano Santificado

Cuando un creyente que entiende que su talento es un don de Dios, presenta una historia diferente en todos los sentidos. Dios libera una porción de su gloria a dicho creyente. Su talento cambia de la dimensión natural y entra a la dimensión sobrenatural. El talento que se percibe en la dimensión natural es liberado a cumplir su destino gracias al efecto resaltado de lo sobrenatural. La gloria de

Dios se irradia a través de este creyente al lograr esa persona aquello que humanamente no sería posible. Funcionar en la dimensión sobrenatural llega a ser lo natural para los creyentes a través de la presencia y unción de Dios. El toque sobrenatural de Dios en tu vida no significa que vas a actuar de manera extraña, como si no fueras parte de este mundo. El hecho es que estamos en este mundo para un propósito y tiempo en particular en la historia. Fuimos colocados aquí para hacer lo que sólo nosotros podemos hacer.

El efecto de la unción sobrenatural es similar al de un catalizador en la química. Un catalizador es un elemento o molécula que acelera una reacción química, incrementándola diez veces o hasta mil veces. Sin un catalizador, algunas reacciones moleculares proceden tan lentamente que no se logra nada útil. Pero cuando se agrega un catalizador, las mismas moléculas reaccionan eficiente y efectivamente, produciendo de manera abundante exactamente lo que el químico desea.

Cuando Dios escoge derramar su unción sobrenatural, compartiendo su gloria con el cuerpo, alma y espíritu del hombre o la mujer, los talentos de dicha persona son "catalizados." Las habilidades naturales son amplificadas y realzadas. Esta persona puede funcionar con más facilidad y más efectividad de lo que previamente era posible – lo que había sido imposible ahora se hace posible. El hombre o la mujer natural se convierte en sobrenatural cuando es tocado por la unción y el poder de Dios. Cuando permitimos que este proceso divino tome lugar en nosotros, logramos cosas que van mucho más allá de nuestras habilidades humanas. Otros pueden ver la gloria de Dios irradiar de nosotros, y nosotros reflejamos esa gloria hacia Dios, quien es la fuente final de todas las cosas buenas.

Dones santificados en Corea del Norte

Linda y yo tenemos un amigo que tiene años proveyendo ayuda humanitaria en la República Democrática del Pueblo de Corea, conocido más comúnmente como Corea del Norte. Hemos trabajado con él de cuando en cuando, proveyendo atención médica a algunas de las personas más pobres sobre la tierra. Cuando servimos en Corea del Norte, no se nos permite enseñar, ni siquiera hablar acerca de Dios porque hay leyes muy estrictas en contra de ello. En la dimensión natural, nos sometemos a las reglas del gobierno de Corea del Norte. Pero no tienen manera de controlarnos en la dimensión sobrenatural.

Nada puede detener la gloria de Dios que brilla en nuestros ojos, nuestras sonrisas, nuestros corazones. Cuando estoy allí, pongo mis manos sobre las cabezas de mis pacientes y oro por ellos, tanto en inglés como en lenguas. Mientras examino a estos pacientes, les imparto paz que sobrepasa el entendimiento y un deseo profundo por la Verdad y la bondad de Dios. Esta gente sufre una opresión muy cruel, sin embargo, todavía pueden percibir y recibir realidades espirituales en la dimensión sobrenatural.

Un paciente con el cual trabajamos en Corea del Norte tenía un hijo que estaba a punto de casarse. Este paciente pudo percibir la gloria de Dios en nuestro amigo cristiano, y sabía que este amigo nuestro disfrutaba de una relación amorosa y hermosa con su esposa ya por muchos años. Como la mayoría de los padres, este hombre coreano quería bendecir a su hijo, así que le pidió a mi amigo que aconsejara a su hijo en cuanto a lo que él debía hacer para que él, también, pudiera disfrutar de un matrimonio duradero y gozoso.

Mi amigo tenía prohibido hablar de Dios en este país comunista tan controlado, pero accedió a dar consejería prematrimonial. Sin mencionar específicamente a Dios o a la Biblia, enseñó conceptos bíblicos acerca de cómo un hombre y una mujer deben relacionarse dentro del matrimonio. La enseñanza dejó asombrado al joven comprometido – jamás había escuchado algo semejante. Cuando ya estaban por concluir su última sesión, preguntó: "¿Dónde aprendió usted estas cosas llenas de tanta sabiduría profunda?"

El Espíritu Santo de manera sobrenatural inspiró las palabras escritas dentro de la Biblia, así que están llenas del Espíritu de sabiduría y el Espíritu de entendimiento. Fueron muy útiles e inspiradoras para el hombre coreano, porque algo dentro de él le hizo reconocer que estas palabras inspiradas no procedían del mundo. Él reconoció que tenían un elemento sobrenatural, aunque no sabía cómo describirlo. ¡Cuánta bendición para él y su matrimonio cuando él las recibió! Hay aun mayores bendiciones disponibles a los cónyuges cuando la presencia de Dios está dentro de ellos.

CORDÓN DE TRES DOBLECES NO SE ROMPE

El autor de Eclesiastés escribió: "Y si alguno prevaleciere contra uno, dos le resistirán; y cordón de tres dobleces no se rompe pronto" (4:12)

Yo captaba bien que dos de los dobleces podían representar a ambos cónyuges. Pero pensaba que el tercer doblez representaba todas las enseñanzas acerca del matrimonio que se encontraban en la Biblia y que debíamos obedecer. Por supuesto que estaba consciente de la realidad del Espíritu Santo y la dimensión sobrenatural, pero me era difícil conectarme con Dios de esa manera. Y por lo mismo, solo me relacionaba con Linda, basado en mi entendimiento mental de los conceptos bíblicos. Aunque esto era útil y bueno, no era la meta más alta que Dios tenía para nuestro matrimonio. Si marido y mujer sólo interactúan de maneras fundamentadas en entendimiento humano, aun si ese entendimiento está fundamentado en principios revelados en las Escrituras, su relación matrimonial se verá limitada a la dimensión natural, y excluirá las revelaciones y experiencias gloriosas disponibles en la dimensión sobrenatural.

La presencia del Espíritu Santo de Dios es la clave a la transformación, tanto en nuestras vidas personales así como en nuestros matrimonios. Experimentar a Dios de manera sobrenatural cambia nuestra visión del futuro, nuestro propósito en la vida, la manera que pensamos, la manera como actuamos con Dios y con nuestros cónyuges. Aumenta nuestra habilidad de amar y de recibir amor. Al llevar adentro la gloria de Dios, somos capacitados a vivir más allá de las limitaciones naturales. Cuando aprendemos a vivir consistentemente en la dimensión sobrenatural, nada permanece igual. Nuestra percepción de lo temporal cambia y nuestro entendimiento de lo eterno aumenta en gran manera.

Dentro del matrimonio sobrenatural, ambos cónyuges reconocen que son seres eternos que viven en un ambiente temporal. Apenas hace tres años, el ámbito natural era muy real y significativo para Linda y para mí. Pero de maneras sorprendentes y hermosas, Dios comenzó a mostrarnos que las cosas temporales ya no dictan nuestro propósito o plan en la vida. Comenzamos a vivir de una manera muy diferente al darnos cuenta que "nuestra ciudadanía está en los cielos, de donde también esperamos al Salvador, al Señor Jesucristo" (Filipenses 3:20). Sin duda alguna, lo eterno triunfará sobre lo temporal. El reino de Satanás desaparecerá, dando lugar al Reino sobrenatural de nuestro Dios, "Los reinos del mundo han venido a ser de nuestro Señor y de su Cristo; y él reinará por los siglos de los siglos" (Apocalipsis 11:15).

Linda y yo tenemos tres hebras de hilo de color, representando el cordón de tres dobleces, que hemos colocado en un marco decorativo que adorna una pared de nuestra recámara. Las vemos a diario como un recordatorio que sólo el hilo de color dorado, el cual representa la gloria de Dios en nuestro matrimonio, puede atraernos, como una sola carne, hacia el destino que Él ha colocado delante de nosotros. Es nuestro deseo que a través de la presencia sobrenatural de Dios, su voluntad se haga en la tierra, así como en el cielo (Mateo 6:10).

Percibiendo lo sobrenatural

La mayor parte de mi vida, yo creí que nuestro Dios raramente interactuaba con alguien en la dimensión natural. Se me había enseñado que aunque esto ocurrió mucho en la Biblia, sería extremadamente raro que volviera a ocurrir, hasta que Jesús retornara. Yo tenía plena confianza de que el Espíritu Santo era real, pero en realidad nunca había visto mucha evidencia de lo sobrenatural en mi propia vida, ni en la vida de otros. Tenía concepto mental de las cosas espirituales, pero tenía mucha más confianza en la realidad del mundo físico que yo podía ver, que en la dimensión sobrenatural que no podía ver. Era como si viviera lo opuesto a las palabras de Pablo: "no mirando nosotros las cosas que se ven, sino las que no se ven; pues las cosas que se ven son temporales, pero las que no se ven son eternas" (2 Corintios 4:18).

Después de cumplir los cincuenta años de edad, sin embargo, Dios permitió que por primera vez en mi vida, yo pudiera conscientemente experimentar su presencia sobrenatural en mi cuerpo natural. Desde entonces he tenido numerosos encuentros tangibles con el Espíritu Santo, los cuales han cambiado de manera radical mi entendimiento de lo que es real. Ahora veo a la dimensión sobrenatural como más auténtica que la dimensión natural – veo la presencia tangible, manifiesta como más real que el teclado que estoy usando para escribir estas palabras. Esta computadora un día dejará de ser, sin embargo, la presencia de Dios existirá por toda la eternidad.

Dios se reveló a Moisés diciendo: "Yo Soy el que Soy". Cuando Moisés preguntó qué era lo que había de decir a los israelitas en cuanto a quién lo había enviado, Dios le contestó diciendo: "Así dirás a los hijos de Israel: YO SOY me envió a vosotros".

Nuestro Dios sobrenatural, Yo Soy, existe "de eternidad a eternidad" (1 Crónicas 16:36). Como ser espiritual, estuvo presente antes de la creación de la dimensión natural. Seguirá viviendo cuando el mundo físico deje de ser. Por eso, Él y Su Reino sobrenatural son mucho más reales que cualquier cosa natural y creada que nosotros experimentemos con los cinco sentidos. Las cosas naturales que experimentamos ahora son imperfectas y temporales. En el momento dado, una nueva creación que es perfecta y eterna tomará su lugar.

La verdad de que nosotros estamos en Él y Él en nosotros (Juan 17:21) demuestra cómo se traslapan las dimensiones naturales y sobrenaturales. La gloria de Dios se demuestra a través de la perfección de la creación. La separación entre lo natural y lo sobrenatural no existía en el Huerto del Edén. Adán y Eva veían a Dios en todo aquello que les rodeaba y experimentaban su presencia íntima en su diario vivir. Génesis revela lo que parece que era un suceso diario cuando dice que el Señor bajaba a caminar con ellos cuando comenzaba a refrescar (Génesis 3:8).

La meta de Dios para nuestro matrimonio es que seamos una sola carne –cuerpo, alma y espíritu -el uno con el otro y con Él. La separación artificial entre la dimensión natural y sobrenatural es una confabulación satánica después del pecado y Dios. El destino del matrimonio sobrenatural es restablecer en nuestra vida diaria el verdadero sentido de ser "uno" que experimentaron Adán y Eva con Dios en el Huerto del Edén.

Durante los seis días de la Creación, Dios demostró de manera hermosa el "espíritu de sabiduría y de inteligencia, espíritu de consejo y de poder" (Isaías 11:2). Repetidas veces, dijo que su creación era "buena" (Génesis 1:4, 10, 12, 18, 21, 25). Pero no fue hasta que hizo al hombre y a la mujer a su imagen, que vio que "era *muy* bueno" (Génesis 1:31, énfasis mío). Me puedo imaginar a Dios exclamando estas palabras con gran gozo, a una voz resonante que sacude hasta las galaxias más lejanas en el universo.

El matrimonio fue la creación más gloriosa de Dios. En el matrimonio combinó la carne y el espíritu, lo natural y lo sobrenatural, al Amante perfecto, y al perfectamente amado. No se detuvo en nada, y no excluyó nada. Creó algo que nunca antes había creado, pero que siempre sería. Puso toda la gloria del Creador en aquello que tan gloriosamente creó.

LO SOBRENATURAL ES IMPRESCINDIBLE

En el matrimonio sobrenatural, nuestra meta es estar tan cercanamente ligadas a Dios que podemos recibir, irradiar y reflejar

Su gloria. El resultado normal de tal conexión tan íntima es que somos transformados por Su presencia a ser santos, tal como Él es santo (Levítico 11:45). El santo matrimonio, entonces, ocurre cuando la gloriosa presencia de Dios se exhibe física y espiritualmente en ambos cónyuges y una unión de "una sola carne" se forma.

En estos matrimonios, Dios se mueve sobre ambos cónyuges, de la misma manera en que el Espíritu Santo se movía sobre las aguas en la creación (Génesis 1:2). Cuando dos están reunidos en su nombre, Él está con ellas (Mateo 18:20). Están en Jesús y Jesús está en ellos, tal como Él está en el Padre (I Juan 14:20). En un matrimonio que experimenta la gloria del Salvador resucitado, marido y mujer pueden, como una sola carne, sentarse "en los lugares celestiales con Cristo Jesús" (Efesios 2:6). Ésta es una oportunidad asombrosa y una meta maravillosa para nosotros.

Pablo escribió:

"Antes bien, como está escrito: Cosas que ojo no vio, ni oído oyó, Ni han subido en corazón de hombre, Son las que Dios ha preparado para los que le aman. Pero Dios nos las reveló a nosotros por el Espíritu; porque el Espíritu todo lo escudriña, aun lo profundo de Dios. Porque ¿quién de los hombres sabe las cosas del hombre, sino el espíritu del hombre que está en él? Así tampoco nadie conoció las cosas de Dios, sino el Espíritu de Dios. Y nosotros no hemos recibido el espíritu del mundo, sino el Espíritu que proviene de Dios, para que sepamos lo que Dios nos ha concedido, lo cual también hablamos, no con palabras enseñadas por sabiduría humana, sino con las que enseña el Espíritu, acomodando lo espiritual a lo espiritual. Pero el hombre natural no percibe las cosas que son del Espíritu de Dios, porque para él son locura, y no las puede entender, porque se han de discernir espiritualmente. En cambio el espiritual juzga todas las cosas; pero él no es juzgado de nadie. Porque ¿quién conoció la mente del Señor?

¿Quién le instruirá? Mas nosotros tenemos la mente de Cristo." (1 Corintios 2:9-16).

El matrimonio santo no puede existir a un nivel divino sin que participemos en la dimensión sobrenatural. Se puede obtener cierto crecimiento y comprensión parcial a través de la descripción verbal e instrucción cuidadosa. Sin embargo, un matrimonio jamás florecerá al grado de tener todo el esplendor que Dios quiere, si no se entra a la dimensión sobrenatural.

Lo profundo de Dios solo lo podemos recibir en nuestros espíritus a través de la fe. Jamás conoceremos verdaderamente a Dios en toda su plenitud hasta que lo experimentemos espíritu a Espíritu. Así como lo "profundo llama a lo profundo" de igual manera nuestros espíritus lo llaman a Él (Salmo 42:7). Sin conocer a Dios, es imposible entrar al pacto matrimonial de la manera que Él quiere y creó. Cierto, nos podemos casar y vivir en una armonía decente con nuestro cónyuge sin involucrar a Dios en nuestra vida. Pero si nuestro matrimonio ha de ser plenamente tal como Dios premeditó, tenemos que recibir "lo que Dios ha preparado para los que lo aman". Esto lo podremos recibir sólo a través del Espíritu.

Desde el principio de los tiempos, la intención de Dios fue que el matrimonio fuera sobrenatural. Él desea ser el centro de tu matrimonio, haciendo que éste sea lleno de amor, gozo, paz, paciencia, bondad y benevolencia. No hay mejor manera de disfrutar del fruto del Espíritu, que invitando al Espíritu Santo a tu vida y a tu matrimonio, haciendo que ambos sean santos y santificados. No hay mayor gozo en la vida, que aquel que viene a través de participación en un matrimonio sobrenatural. En esta clase de relación, experimentarás la paz que sobrepasa todo entendimiento, pero que es increíblemente real. Esta es la manera como Dios creó al matrimonio - totalmente bueno, totalmente satisfactorio, totalmente lleno de Su amor y de Su gloria, totalmente sobrenatural y completamente santo.

Capítulo Tres

UN ANHELO POR
LA PRIMAVERA

esde niño pequeño me di cuenta que Dios había puesto en mi ser más interior un deseo intenso por Él. Era una semilla pequeña que Dios plantó en tierra que Él sabía que sería fértil. Desde que tengo memoria, me he dado cuenta de la existencia de esa semilla en lo profundo de mi espíritu, y tenía la esperanza de descubrir el propósito que esta semilla tendría en mi vida. He sentido a esta semilla germinar profundamente en la tierra de mi alma, lentamente estableciendo una estructura de raíz segura en las verdades de Dios. Siendo que Dios fue el que colocó la semilla allí, sólo el tiempo diría qué tan pronto germinaría.

Las estructuras de las raíces no son visibles al ojo pelón sin que uno cave profundo en la tierra. Aunque no las puedas ver sin mayor investigación, las estructuras de las raíces son reales, vivas, y totalmente esenciales si han de brotar durante el sol vivificante de la primavera. Sin embargo, conforme pasaban los años, poco se veía evidencia de crecimiento espiritual en mi vida. Aunque yo sabía que mi vida no había llegado a toda la plenitud que pudiera, yo verdaderamente creía que la vida abundante de Dios podía llegar en cualquier momento. Era una promesa que Jesús mismo había dado: "He venido para que tengan vida, y vida en abundancia" (Juan 10:10). Indudablemente llegaría el milagro gozoso de crecimiento exuberante primaveral... ¿pero cuándo?

Cumplir 50 años fue un tiempo para reflexionar sobre la mitad de un siglo que yo había vivido sobre esta tierra. Dios me había dado cada bendición física y emocional que yo jamás me pudiera haber imaginado. Él me había dado una esposa fiel que me amaba con todo su corazón, dos hijos que ahora eran hombres de Dios llenos de integridad, y llevaba 20 años trabajando en una vocación que yo verdaderamente disfrutaba. Había conocido de Jesús desde la más temprana edad de la cual tenía memoria, y mi fe en Dios era real. Yo trataba de honrar a Dios y confiaba en Él la mayoría de las veces, pero mi amor por Dios venía más de mi cabeza que de mi corazón. Aunque yo deseaba intimidad con el Espíritu Santo y anhelaba conectarme con Él a un nivel más profundo, no tenía concepto alguno de cómo cumplir ese deseo. Yo sabía cómo amar a mi esposa, y sabía relativamente bien cómo amar a mis hijos. Sin embargo, durante todos estos años algo había bloqueado mi habilidad de amar profundamente a Aquel que es, en Sí, la esencia de amor, tal como Juan declara: "Dios es amor" (1 Juan 4:8).

Tal parecía que estaba estancado en un invierno eterno. Yo había sido plantado exitosamente en el Señor. A diferencia de la semilla que fue sembrada en pedregales de los cuales Jesús habla en Marcos 4, mis raíces habían crecido profundamente a través de los años. Sin embargo, aun una planta que está bien arraigada en tierra fértil no puede producir una cosecha abundante mientras que está atrapada debajo de una capa de hielo. Yo estaba listo para la vida abundante con Aquel que iniciaba la vida, estaba ansioso de seguir cumpliendo los propósitos por los cuales yo había sido creado. Quería ir más allá de conocer de Dios y hablar acerca de Jesús y estaba ansiando "gustar y ver que el Señor es bueno" (Salmo 34:8). Yo quería experimentar plenamente Quien era Él, y es y será. Ansiaba que el yugo del invierno fuera destruido por el gozoso y excitante crecimiento de la primavera. Quería aquello a lo que se refería el escritor de Cantar de los Cantares cuando escribió: "Porque he aquí ha pasado el invierno, Se ha mudado, la lluvia se fue; Se han mostrado las flores en la tierra, El tiempo de la canción ha venido, Y en nuestro país se ha oído la voz de la tórtola" (2:11-12).

UNA EXPERIENCIA CON LA LIBERACIÓN

Luego, hace algunos años, Linda pasó una tarde de enseñanza y oración enfocada en la liberación. Más tarde ella me contó cosas maravillosas acerca de lo que había pasado. El Espíritu Santo le trajo a la mente eventos de su niñez con los cuales ella nunca más había tratado o de los cuales no había sido sanada. Pudo perdonar cada herida que el Espíritu Santo trajo a su mente y arrepentirse por participar en cosas que no habían sido de Dios. Fue hecha libre del control del temor del hombre y también del orgullo. Linda me contó sobre cómo pudo sentir a los demonios, que la había oprimido por años, salirse mientras oraban esa tarde. Esa noche ella tuvo un profundo sentido de paz interior y un incrementado nivel de confianza que ella jamás había sentido antes. No había duda alguna – ¡algo de gran significancia había ocurrido dentro de ella durante los eventos de esa tarde!

Linda siempre había sido una persona gentil que poseía la habilidad de amar a las personas profundamente. El fruto del Espíritu casi siempre estaba evidente en su vida y casi toda persona con quien se encontraba podía sentir el amor de Dios que fluía de ella. Sin embargo, después de su experiencia de liberación, yo podía percibir que su gozo, paz, paciencia y bondad habían llegado a un nuevo y más alto nivel. Ella me había amado profundamente por muchos años, pero de repente ella me amaba aun más de lo que yo había sentido antes. En lo exterior, nada parecía haber cambiado. Pero había algo más profundo que yo no podía explicar. Siempre habíamos disfrutado de nuestra intimidad física desde que nos habíamos casado. Pero de alguna manera, hasta esa parte de nuestra relación mejoró dramáticamente.

Yo no estaba sorprendido que Linda hubiera sido bendecida gracias a su experiencia de liberación, siendo que la mayoría de las personas experimentan un profundo sentido de gozo y paz por un tiempo después de un período de comunión intensa con Dios. A propósito me puse a observarla semana tras semana para ver por cuánto tiempo le duraría este "aumento de espiritualidad." Ante mi asombro, aun después de varios meses no se le había pasado — ¡ella había sido permanentemente cambiada por el poder y la presencia de Dios! ¡Y a ambos nos gustaba! Yo reflexionaba acerca del cambio tan hermoso que había ocurrido en Linda, y secretamente me preguntaba: "¿Podrá esto ayudar alguien como yo?" Al principio ella me presionaba para que yo también pasara por la experiencia de liberación, pero sabiamente dejó de insistir para permitir que el Espíritu Santo me guiara hacia esa experiencia. Porque ella había experimentado un cambio tan profundo desde que había pasado por su propia liberación, a causa de su amor por mí ella quería que yo experimentara lo mismo. Pero no fueron sus palabras las que ablandaron mi corazón. Fue la gloria de Dios que a diario brillaba del rostro radiante de mi esposa, que insistentemente me hizo anhelar lo que en verdad era una pieza más del plan de Dios para mi vida.

LA CONTROVERSIA DE LA LIBERACIÓN

La liberación es causa de cierta controversia en muchas iglesias hoy día. Esto no debe ser sorprendente porque la controversia rodeaba a Cristo cuando Él liberaba a muchos durante su ministerio terrenal.

Las palabras y los milagros hechos por Jesús provocaron desacuerdo entre los líderes religiosos en aquellos tiempos también. No creían que un hombre de Dios pudiera tener la autoridad para echar fuera demonios, así que dijeron que sólo se podía echar fuera demonios por el poder del mismo Satanás. Los fariseos, los líderes religiosos de esos días, decían que "Este no echa fuera los demonios sino por Beelzebú, príncipe de los demonios" (Mateo 12:24). Pero Jesús les respondió:

> "Sabiendo Jesús los pensamientos de ellos, les dijo: Todo reino dividido contra sí mismo, es asolado, y toda ciudad o casa dividida contra sí misma, no permanecerá. Y si Satanás echa fuera a Satanás, contra sí mismo está dividido; ¿cómo, pues, permanecerá su reino? Y si yo echo fuera los demonios por Beelzebú, ¿por quién los echan vuestros hijos? Por tanto, ellos serán vuestros jueces. Pero si yo por el Espíritu de Dios echo fuera los demonios, ciertamente ha llegado a vosotros el reino de Dios" (Mateo 12:25-28).

El argumento farisaico dado a Jesús hace dos mil años sigue sin sentido hoy en día. Sin duda alguna, mi esposa, Linda, había experimentado libertad profunda y persistente a través del acto sobrenatural de la liberación.

Seis meses después, yo estaba totalmente convencido que la experiencia de la liberación me ayudaría en mi propia vida. Les hablé a Jeff y Brandy Helton, amigos muy especiales que estaban involucrados en el ministerio de liberación y les pedí que me guiaran por liberación de una manera similar que mi esposa. Pasamos varias horas juntos mientras que otros oraban apasionadamente por mí. El Espíritu de Jesús tocó mi vida esa noche de una manera que nunca antes había sido tocado. Fui liberado de mucha opresión y comencé a vivir con más confianza y gozo. Dios a la vez me bendijo con una habilidad aumentada para poder entrar en comunión con Él en la dimensión espiritual. Nuevamente, aunque no puedo explicar todo lo que me sucedió en ese momento, pero honestamente puedo decir que fui un hombre cambiado a partir de entonces.

Hasta entonces yo siempre había tomado la adoración con seriedad, ahora el sentir y la profundidad de mi adoración cambió. Tenía un deseo apasionado e intenso por la presencia de Dios que iba más allá de lo que yo había experimentado previamente. Mis emociones habían aumentado sobrenaturalmente por el toque de Dios. Las lágrimas fluían libremente ahora que yo podía comprender más plenamente la agonía personal de Jesús a causa de mi pecado. Asombrosamente, sin embargo, también podía adorar gozosamente con una sonrisa en mi rostro. Yo no sonreía porque era agradable y era lo que los cristianos debían hacer, sino porque yo verdaderamente disfrutaba de adorar a Aquel que me había creado, Junto con muchas otras cosas, mis emociones verdaderamente se habían puesto en libertad.

Orando por victoria y avance

Después de pasar por liberación, la intimidad que sentí en mi relación con Dios parecía haber mejorado, pero de alguna manera, yo seguía sintiendo una barrera invisible que impedía que yo pudiera conectarme verdaderamente en una relación de amor, que yo sabía, que Dios quería tener conmigo. Lo emocionante era que por fin podía ver a Dios, aun, sentirlo a veces a través de la barrera. Él se estaba volviendo progresivamente más real para mí conforme yo le derramaba mi corazón. La barrera que yo sentía estaba comenzando a debilitarse, y yo podía caminar en gozo sabiendo que la barrera eventualmente se desmoronaría. La semilla que Dios había colocado en mi corazón muchos años antes por fin iba a dar fruto. Yo percibía que ya llegaba el fin del invierno... ¡la primavera venía!

Después de algunos meses, era evidente que mi recién encontrada vida abundante en Cristo era genuina y que yo había gustado y visto que el Señor era extremadamente bueno (Salmo 34:8). Mi relación con Él me traía mucho más satisfacción, de lo cual yo jamás me había dado cuenta. El progreso sin duda era real, pero también agonizantemente lento.

Cada lunes por la mañana yo me reunía con un grupo para orar y adorar. Una mañana el Espíritu Santo inspiró a Brandy Helton, la líder, a decirnos: "¡Lo único que tienes que hacer es pedir!" Se refería, por supuesto, a la enseñanza que Jesús les dio a sus discípulos respecto a la oración. Jesús les dijo a sus discípulos que si ellos pedían por el Espíritu Santo, Dios no les daría algo dañino:

> "Y yo os digo: Pedid, y se os dará; buscad, y hallaréis; llamad, y se os abrirá. porque todo aquel que pide, recibe; y el que busca, halla; y al que llama, se le abrirá. ¿Qué padre de vosotros, si su hijo le pide pan, le dará una piedra? ¿O si pescado, en lugar de pescado, le dará una serpiente? ¿O si le pide un huevo, le dará un escorpión? Pues si vosotros, siendo malos, sabéis dar buenas dádivas a vuestros hijos, ¿cuánto más vuestro Padre celestial dará el Espíritu Santo a los que se lo pidan?" (Lucas 11:9-13).

¡Inmediatamente reconocí que ésta era la pieza faltante de mi búsqueda espiritual! Le pedí a Brandy que orara por mí, pidiendo que yo recibiera la bendición de hablar en otras lenguas, de la cual yo había leído tantas veces en las Escrituras. Todo el grupo oró fiel y apasionadamente por mí esa mañana. Aunque yo todavía estaba demasiado bloqueado para orar en otras lenguas, experimenté de manera profunda el amor de Dios que fluía y se derramaba en mi corazón – llenándome con fe de que algún día mi lengua sería libertada para recibir esa lengua espiritual que provenía del Espíritu Santo y que yo podría derramar lo que había en mi corazón con "gemidos indecibles" (Romanos 8:26).

Durante Octubre, Brandy comenzó una serie de clases que duraron siete semanas, titulada "Quién soy en Cristo". Ella enseñaba del amor asombroso de Dios por nosotros, del deseo que el Espíritu Santo tenía de descansar constantemente sobre nosotros, sobre la autoridad que tenemos en Cristo y el glorioso destino al cual hemos sido llamados. Su enseñanza fue fuente de gran refrigerio para mi corazón y espíritu.

La última noche de la serie, Bob y Brandy ofrecieron ministrar, orando por la impartición del Espíritu para todos los que deseáramos aquellas cosas. Mi mente no deseaba participar en esto aunque Dios estaba atrayendo mi corazón. Yo podía percibir el espíritu del anticristo que estaba tratando de impedir que yo recibiera la bendición que Dios tenía para mí. Nunca antes había estado yo tan consciente de eso. De alguna manera pude superar esa resistencia a pesar de lo que yo sentía. Bob y Brandy oraron que yo recibiera una unción de poder empujar y entrar en todo aquello que Dios tenía para mí. Miqueas dijo: "Subirá el que abre caminos delante de ellos; abrirán camino y pasarán la puerta, y saldrán por ella; y su rey pasará delante de ellos, y a la cabeza de ellos Jehová" (Miqueas 2:13). Aunque no sentí nada en particular que ocurriera esa noche, El que abre caminos se estaba preparando para manifestar su poder y gloria de una manera que yo jamás olvidaría.

Dos noches después desperté tras un sueño, corto pero intenso, que yo sentí que venía de Dios. Años antes, yo había visto una canasta de basquetbol en el gimnasio de una iglesia muy legalista. La tenían bloqueada con una pieza de madera encima de la canasta, asegurada con cadena y candado. Tristemente, habían bloqueado la canasta para impedir que los niños del barrio trataran de ir y jugar basquetbol en el gimnasio. Aparentemente el personal de la iglesia veía a estos niños como un problema inconveniente.

En el sueño yo vi nuevamente la canasta de basquetbol en ese gimnasio. Era exactamente como yo la había visto años antes. De repente, las cadenas comenzaron a disolverse y cayeron al suelo mientras que la pieza de madera que bloqueaba la canasta comenzó a flotar en el aire. En unos pocos segundos ni siquiera se podía ver ya la madera. De una manera hermosa y dramática, Dios me estaba diciendo proféticamente que la unción del que abre caminos (Miqueas

2:13) venía. Esta unción pronto vendría y me quitaría todo aquello que me había bloqueado por tantos años. El invierno ya se iba y la primavera pronto llegaría.

Tres días después de ese sueño, Linda y yo fuimos a Dallas, Texas, para asistir a un congreso de avivamiento al cual venían cristianos oriundos de todo el mundo, auspiciado por el ministerio "Stand Firm World Ministries" (Ministerio Internacional Estad Firmes). Janet y Keith Miller son los anfitriones de Texas Ablaze (Texas en Llamas) en múltiples ciudades de Texas cada año. Ellos son una pareja totalmente entregada a Dios, y su ministerio abraza y demuestra el glorioso poder de Dios. El tema ese año era "Unción sin límites". Nuestro plan era disfrutar de tres días de enseñanza, alabanza y adoración. También sería media semana de tiempo íntimo con mi preciosa y hermosa esposa. ¿Cómo podría ser esto algo menos que divertido, asombroso y maravilloso?

Gustosamente asistí con Linda, con el deseo de que ambos pudiéramos crecer en el Señor y a la vez, acercarnos más el uno al otro, también. "Esto va a ser bueno - ¡vayamos!" dijimos. Yo pensaba que recibiríamos alguna unción extra de Dios durante las conferencias. ¡Por supuesto que tener más sería provechoso! ¡Todos necesitamos de más! La verdad es que el tema "Unción sin límites" me parecía un tanto exagerado. Yo simplemente no entendía. Todo iba más allá de mi entendimiento. Estaba por aprender una lección que venía directamente de Proverbios 3 - una lección acerca de confiar.

Capítulo Cuatro

TRANSFORMACIÓN TOTAL EN UN CONGRESO DE AVIVAMIENTO

Asistir a un Congreso de esta clase era algo nuevo para nosotros, algo que no podíamos captar con nuestro propio entendimiento humano. Más bien, teníamos que depender totalmente de Él.

"Fíate de Jehová de todo tu corazón, Y no te apoyes en tu propia prudencia. Reconócelo en todos tus caminos, Y él enderezará tus veredas" (Proverbios 3:5-6).

Desde la primera sesión de la primera noche, yo estuve atento, listo para recibir lo que Dios tenía para mí. Aquí les comparto mi diario personal durante esos días:

Noviembre 26 – Hemos regresado de la primera reunión del Congreso. Fue buena – con música interesante y una plática apasionada por Robert Stearns. El tema fue "Dios está edificando su casa" basado en 1 Crónicas 12:32. Durante ese tiempo Israel estaba pasando por un cambio, transicionando de la casa fracasada de Saúl a la casa bendecida de David. Aunque estaban un tiempo de transición, los hijos de Isacar "eran entendidos de los tiempos" y sabían lo que Israel había de hacer. Personalmente, al escucharlo hablar sobre esto, mi corazón dolía por abandonar el legado de Saúl y llegar a ser "un hombre tras el corazón de Dios" como David (1 Samuel 13:14).

Reflexiones posteriores: Este mensaje y el dolor correspondiente de mi alma comenzaron a preparar mi corazón para lo que Dios estaba a punto de hacer.

Noviembre 27 – **Primera sesión:** Patricia King enseñó acerca del "Poder de la Expectación". Dijo que debemos tener una esperanza dentro de nosotros que va mucho más allá de simplemente desear algo. La esperanza es una expectación violenta que se convierte en el trampolín hacia la fe. Solo podemos tener fe para aquellas cosas que anhelamos y esperamos, es por eso que Hebreos define la fe como "la certeza de lo que se espera, la convicción de lo que no se ve" (11:1). Esta enseñanza hace que me dé cuenta que necesito soñar en grande con Dios, y persistir en actuar en base al sueño que Dios ha colocado en mi corazón.

Reflexiones posteriores: No me había dado cuenta todavía, pero mi esperanza se estaba haciendo realidad. Mis expectaciones pronto se realizarían mucho más allá de lo que yo hubiera podido imaginar (Efesios 3:20).

Segunda sesión: Bill Johnson habló del tema de la realeza. Uno de los puntos principales que me resaltó a través de su mensaje, fue que los siervos están preocupados por obedecer, mientras que los amigos están enfocados en no desilusionar.

Reflexiones posteriores: Esta enseñanza me alegró mucho al darme cuenta que verdaderamente yo me había convertido en amigo de Dios. La obediencia me venía con más naturalidad que antes. Sin embargo, me sentía inconsolable al pensar que demasiadas veces yo había desilusionado a mi amigo más íntimo.

Noviembre 28 – **Primera Sesión:** Vi a una mujer de la media edad danzando estilo ballet al son de la música de alabanza -Su danza estaba llena de gracia y era una expresión hermosa de su amor por Dios. Yo había percibido de vez en cuando, aproximadamente por un año, que el Señor estaba queriendo que yo danzara delante de Él, tal como lo hizo David (2 Samuel 6:14). Había tenido muchos pretextos para no hacer lo que el Espíritu de Dios me había pedido que hiciera. ¡Pero hoy, la fuerza de esos pretextos se debilitó! Tomé a Linda y danzamos juntos en alabanza a nuestro Salvador. ¡Qué tiempo más hermoso y gozoso – ¡una nueva manera de expresar nuestro amor por Dios con exuberancia!

Durante el mensaje, Patricia King nos recordó, basada en Colosenses 3:1, que hemos de "buscar las cosas de arriba, donde está Cristo sentado a la diestra de Dios" Las cosas de arriba son espirituales en naturaleza, no puramente intelectuales. Enfocar nuestros corazones y mentes en las cosas de arriba no se hace en la dimensión de la mente, sino en la dimensión del Espíritu. Solamente los verdaderos buscadores encontrarán estas cosas. Las cosas del Espíritu muchas veces vienen empaquetadas de una manera que pueden parecer ofensivas para la mente natural.

Reflexiones posteriores: Yo había pasado mucho de mi vida en una búsqueda intelectual infructífera por una relación de amor con Dios. Sin embargo yo sabía que la única manera de conectarme con Él era espíritu a Espíritu. Todo parecía ser tan sencillo, pero a la vez me parecía imposible-

Segunda sesión: Bill Johnson nos advirtió que no debíamos bajar la Escritura a la dimensión de la mera experiencia. Dijo: "Si puedes comprenderlo, tienes a un Dios que se parece mucho a ti". También dijo: "La clave para mantenerte animado, es ver y escuchar lo que Dios está haciendo ahora. Si no puedes hacer esto, entonces recuerda lo que Él ha hecho en el pasado y reactiva esa semilla". Nunca debemos enfocarnos en lo que Él no ha hecho o en nuestras desilusiones previas, porque esto aumenta la incredulidad ofende a Dios. Debemos enfocarnos en lo que Dios estuvo y está haciendo, y mientras nos enfocamos, nuestra semilla de fe y expectación comienza a crecer.

Al terminar su mensaje, Bill invitó a todos aquellos que todavía no hablaban en lenguas a que se pusieran de pie. Cuando Linda y yo nos paramos, nos sorprendimos al ver que sólo habíamos unas diez personas de pie entre esta reunión de unas 500 personas. Se les dijo a quienes estaban cerca de nosotros que nos impusieran manos y oraran para que recibiéramos el don del Espíritu Santo. Nuestros intentos probaron ser fútiles; mis labios estaban sellados como si estuvieran pegados con pegamento del más fuerte.

Reflexiones posteriores: Esa tarde me sentí débil, distanciado de Dios y muy frustrado. Era difícil no estar ofendido con Dios en medio de mi desilusión. Me sentía como un fracasado.

Tercera sesión: Esta sesión fue buena, pero no me conecté bien con el orador y recibí poco provecho de la adoración y la enseñanza. Mahesh Chavda habló del "Espíritu del anticristo vs. el Espíritu de Jesús". Dijo: "Ninguna forma demoníaca puede permanecer en la dimensión donde vive el Espíritu de Jesús, porque es allí donde lo imposible se hace posible".

Reflexiones posteriores: Ahora me doy cuenta que en esos momentos yo estaba tan lleno del espíritu del anticristo, que apenas escuché ese tremendo mensaje.

Ahora me voy a apartar de los apuntes de mi diario y simplemente compartir lo que ocurrió el resto de esa noche y los eventos que continuaron el siguiente día.

Cuando terminó de hablar, Mahesh impartió el Espíritu de Dios a muchas personas a través de la imposición de las manos. Tanto Linda como yo pasamos adelante para recibirlo. Linda estaba deseosa mientras que yo titubeaba y tenía cierta duda. Ella fue sobrecogida por el Espíritu Santo y terminó en el suelo, pacíficamente a mis pies. Anhelando yo que ella recibiera todo lo que pudiera de la bendición de Dios, coloqué mi mano en su frente y oré por ella lo más apasionadamente que podía. Cuando se sentó un rato después, sintió fuertemente el dulce amor de Dios, sin embargo, momentos después, sintió dolor profundo. Lloró en mis brazos por varios minutos y luego volvimos a nuestra habitación.

Sus emociones exhibían exactamente lo que yo estaba experimentando, una lucha mortalmente seria entre el Espíritu de Jesús y el espíritu del anticristo. La batalla ardía dentro de mí por un control absoluto de mi cuerpo, alma y espíritu.

Un despertar violento

Esa noche dormí profundamente – hasta que desperté a la una de la mañana recordando palabras dadas durante las pláticas ese día. Mahesh había dicho que el hablar en lenguas era un don muy elemental para "bebés en Cristo que apenas están comenzando su caminar con Jesús". Mi mente quedó ofendida por lo que él había dicho. Durante la noche, comencé a preguntarme: "¿He tratado de seguir a Dios por los cincuenta y un años de mi vida y todavía no he avanzado más allá de pasos de bebé en mi caminar? ¿Soy un fracaso espiritual?" Bill Johnson había dicho algo muy gracioso, usando la frase, "el espíritu de tonto". No lo dijo con la intención de herir, pero durante la noche, la palabra "tonto" parecía aplicarse muy bien a mi persona. Lloré al escuchar una voz decirme: "¡Tienes el espíritu de tonto!"

Desperté otra vez a las tres de la mañana. Me sentía atacado con los mismos pensamientos que había tenido unas horas antes. Esto me trajo a memoria cómo me sentía cuando, de niño, estaba en segundo año de la escuela primaria y tenía mal desempeño. Durante ese año, y ahora otra vez durante esta noche, me sentía como un total fracaso – tonto, débil y derrotado. El "padre de mentiras" (Juan 8:44) me estaba atacando a través de mis sueños. Lloré amargamente.

A la mañana siguiente me sentía oprimido y abrumado, y me preguntaba cómo iba a poder sobrevivir ese día. Asistimos a la reunión de la mañana, pero ni mi mente ni mi corazón se podían conectar con lo que estaba ocurriendo. Linda estaba muy consternada al verme. El tema principal que compartió Mahesh esa mañana, era que lo que uno cree hoy es en lo que uno se convierte mañana. Entonces preguntó: "Así que, ¿qué es lo que tú crees? Yo no creía mucho en mi habilidad de conectarme con el poder o la gloria de Dios, y me sentía pesimista en cuanto a lo que yo pudiera convertirme mañana.

Linda y yo comimos rápidamente en nuestra habitación y decidimos tomarnos una siesta corta. Ambos estábamos exhaustos y deprimidos. Pero ella me preguntó si yo confiaba lo suficiente en que ella pudiera ayudar a liberarme de la opresión espiritual que yo había estado sintiendo. Creímos juntos las palabras de Jesús: "Y estas señales seguirán a los que creen: En mi nombre echarán fuera demonios" (Marcos 16:17). Aunque titubeé un poco, finalmente di mi aprobación y comenzamos. Ella me guió a dar un repaso de si había alguien a quien yo debía perdonar, incluyéndome a mí mismo. Rompimos todos los juicios que yo recientemente había hecho, y ambos comenzamos fervientemente a orar, demandado que el espíritu de pesadez me abandonara. Una ola de contracciones musculares, lágrimas repentinas en mis ojos, y un apretar de mi abdomen antecedieron a un sentir renovado de paz interior. Le pedí a Linda que me ayudara a liberarme del espíritu del anticristo que yo había estado sintiendo en los últimos días, lo cual estaba causando que yo quisiera rechazar y rehusar a conectarme con todo lo que se estaba diciendo. Linda no sabía que esto me había estado ocurriendo. Continuamos orando, y otra vez experimenté las mismas respuestas corporales, nuevamente seguidas de una profunda paz. Finalmente le ordenamos salir al espíritu de mentira que me había hablado tan fuertemente. Pronto se fue y tuve un sentido fuerte de alivio.

Sintiendo la autoridad de Cristo levantarse en mí, le dije a Linda que era tiempo para que yo orara por ella de la misma manera. Al principio ella se sorprendió, pero rápidamente reconoció que yo tenía razón, y accedió. Al proclamar yo el señorío de Cristo y declarar que todos los demonios debían huir, toqué su frente con mi mano derecha. Su cabeza se echó para atrás y su cuerpo hacia delante, y ambos sentimos la presencia poderosa del Espíritu Santo. Después de exhalar fuertemente en los próximos minutos, repentinamente se relajó, totalmente en calma y paz. Ambos habíamos pasado por liberación unos meses antes, pero ese día, como una sola carne, cada uno experimentamos una extensión dramática de nuestra libertad de la opresión y control de Satanás. Minutos antes nos habíamos sentido exhaustos, sintiendo que ya no podíamos seguir adelante. Ahora, sin siquiera haber tomado una siesta, nos sentíamos totalmente refrescados y llenos de un sentir profundo de gozo. Sentíamos una paz profunda, la cual, confiamos, nunca más nos abandonaría.

Minutos más tarde regresamos a las conferencias – toda la pesadez se había ido completamente. Similar al velo del templo el día que Jesús murió en la cruz (Mateo 27:51), la barrera invisible en mi vida espiritual se rasgó dramáticamente, partiéndose en dos. Ahora podía participar libremente en la adoración con exuberancia gozosa, y la esperanza dentro de mí rápidamente aumentaba.

¡Las barreras se derrumban!

Esa tarde, Patricia King habló acerca de "Los misterios de Dios". Ella dijo que teníamos que escoger no juzgar aquello que no entendemos. Los misterios no se han de entender fácilmente con la mente humana, sino que sólo podemos entender según el Espíritu de Dios lo revele en nuestros corazones. Jesús dijo: "Buscad y hallaréis" (Lucas 11:19) mientras que Hebreos nos recuerda que Dios es "galardonador de los que le buscan" (11:6). Jesús sigue diciendo que sólo a los verdaderos buscadores se les permitirá entender los misterios de Dios. Cuando los Discípulos le preguntaron acerca del significado de las parábolas, Él contestó diciendo "A vosotros os es dado saber el misterio del reino de Dios; mas a los que están fuera, por parábolas todas las cosas; para que viendo, vean y no perciban; y oyendo, oigan y no entiendan; para que no se conviertan, y les sean perdonados los pecados" (Marcos 4:11-12).

Cuando Patricia terminó, invitó a aquellos que todavía no hablaban en lenguas que se pusieran de pie. Linda y yo nos miramos, y con cierta hesitación nos pusimos de pie otra vez y pasamos a la plataforma con los demás. Ella nos habló por algunos minutos con palabras amables y tranquilizadoras. Nos comunicaba verdad con ternura y amor. Nuestra confianza creció mientras la escuchábamos y confiábamos en Dios. Patricia dijo, "Al contar hasta tres, todos comenzaremos a hablar en lenguas ... uno ... dos ... ¡tres!" Linda y yo abrimos nuestras bocas y el Espíritu de Dios soltó nuestros labios. Finalmente, de nuevo juntos como una sola carne, ¡oramos en lenguas por primera vez! La barrera imposible? se estaba derrumbando.

Durante la sesión de la noche, Bill Johnson enseñó que la incredulidad no puede existir en presencia de la gloria de Dios. Linda y yo estábamos experimentando la presencia y la gloria de Dios de una manera como nunca antes – toda incredulidad se iba y fe estaba ocupando su lugar. Él dijo: "¡Un solo milagro destruye diez años de teología errónea!"

Más tarde él hizo que impusiéramos manos y oráramos por la sanidad de las personas que estaban sufriendo diversos malestares y enfermedades. Muchos reportaron la desaparición de dolor y sufrimiento que había durado por mucho tiempo.

El túnel de fuego

Finalmente esa noche a todos se nos dio la oportunidad de pasar por lo que llamaban el "túnel del fuego", era una línea doble de creyentes que oraban que se nos fuera dada una unción especial por parte del Espíritu Santo. Al entrar yo al túnel del fuego, podía sentir que la barrera invisible que me había plagado por tantos años, ya no existía en mi relación con Dios. Fue muy parecido al sueño que había tenido unos días antes cuando las cadenas se habían desecho y la pieza de madera que impedía el acceso a la canasta de basquetbol flotó hacia arriba. Ya no había nada que interfería entre Dios y yo. Su poderosa presencia estaba alrededor de mí, sobre mí y dentro de mí. Pude haber resistido, pero no tenía deseo alguno de hacerlo. Simplemente ya no veía por qué seguirlo haciendo.

El peso de la gloria de Dios me imposibilitó a estar de pie mientras recibía oración para impartición. Involuntariamente empecé a caerme hacia la derecha, y tres hombres me agarraron y me llevaron a un lado. Yo estaba aturdido pero escuché a uno de los hombres decir, "¡Este hombre sí que es pesado!" Quedé tirado en el suelo, totalmente inmóvil por muchos minutos y conforme lentamente volvía a la conciencia, alternaba con risa y gozo intenso, y una experiencia tangible del asombroso amor de Dios que me estaba dando paz indescriptible.

En su gran bondad, Dios me había permitido sentir lo ancho, profundo, largo, y la riqueza y el poder de su amor ilimitado. Era como si la oración de Pablo por los efesios se estuviera contestando en mi corazón: "...arraigados y cimentados en amor, seáis plenamente capaces de comprender con todos los santos cuál sea la anchura, la longitud, la profundidad y la altura, y de conocer el amor de Cristo, que excede a todo conocimiento, para que seáis llenos de toda la plenitud de Dios" (Efesios 3:17-19). Había conocido esto mentalmente por muchos años, pero nunca antes había experimentado en mi carne su amor puro e íntimo. Había leído esta Escritura por muchos años, pero nunca lo había sentido a ese nivel.

Su paz sobrepasó los límites de mi entendimiento (Filipenses 4:7). La calidad y cantidad de su amor era mayor de lo que yo podía comprender... y mucho menos describir con mis propias palabras. Mi mente humana era cambiada, renovada y transformada por la gloria de Dios. Mi espíritu le había pertenecido a Él por muchos años, pero ahora mi cuerpo y alma podían responder en armonía eterna con su Espíritu, la cual mora en mí para siempre.

EXPERIMENTANDO A DIOS COMO UNA SOLA CARNE

Juntos, como una sola carne, Linda y yo experimentamos la presencia tangible de Dios: su gozo, su paz, su amor, su poder y su gloria. Él se reveló en nosotros de manera que no podremos olvidar jamás. Su amor perfecto echó fuera todo nuestro temor. El Espíritu de Jesús quebró todas las barreras que Satanás había usado por tantos años bloqueándonos para que no pudiéramos tener intimidad con Dios. Nos volvimos más comprometidos a una relación de amor con Él que no terminará jamás. "Las cosas secretas pertenecen a Jehová nuestro Dios; mas las reveladas son para nosotros y para nuestros hijos para siempre, para que cumplamos todas las palabras de esta ley." (Deuteronomio 29:29). Verdaderamente estábamos comenzando a caminar en cosas que nos estaban siendo reveladas.

Los eventos del día trajeron un cambio radical al mismo centro de nuestra relación con Él y, finalmente, el uno con el otro. Todas las cosas fueron hechas nuevas (Apocalipsis 2:15). Dios nos había impartido manifestaciones físicas y entendimiento revelador de cosas que previamente nos habían sido ocultas. Al revelarnos algunos de sus secretos, juntos como una sola carne, Dios nos transfirió a nosotros y nuestro matrimonio, fuera de la dimensión natural y nos metió en la dimensión sobrenatural. El invierno había pasado y había llegado la primavera.

Dios nos había impartido manifestaciones físicas y revelación acerca de asuntos que antes habían estado ocultos para nosotros. Al revelarnos algunas de sus cosas secretas, Dios nos transfirió a nosotros, como una sola carne, y a nuestro matrimonio, de la dimensión natural y nos llevó a la dimensión sobrenatural. ¡El invierno había pasado y había llegado la primavera!

"Porque he aquí ha pasado el invierno, Se ha mudado, la lluvia se fue; Se han mostrado las flores en la tierra, El tiempo de la canción ha venido, Y en nuestro país se ha oído la voz de la tórtola" (Cantar de los Cantares 2:11-12).

¡Fue un día glorioso! ¿Pero cómo puede llegar a ese punto una pareja? ¿Dónde comienza? Para nosotros, había comenzado varios años antes...

Capítulo Cinco

No puedes llegar allí desde aquí

ace algunos años, Linda y yo pasamos diez semanas en el estado de Maine, mientras que yo asistía a algunos cursos relacionados a mi área de especialidad, la oftalmología. El verano era un tiempo ideal para estar en este estado tan hermoso, y disfrutábamos ampliamente de los mariscos y las zarzamoras silvestres.

Un viernes nos dispusimos a viajar a la comunidad costeña de Camden. Un tanto confusos en cuanto a cuál sería la mejor ruta para llegar, nos detuvimos para conversar con un policía del pueblo de Waterville, que estaba a unas cincuenta millas de nuestro destino. Cuando le preguntamos cómo debíamos llegar a Camden, contestó con una seriedad aparente, "No puedes llegar allá desde aquí". Luego, después de una pausa, nos dio una leve sonrisa y amablemente nos dijo todo lo que necesitábamos saber para poder llegar a nuestro destino de la costeña rocosa de Maine.

Por años, la dimensión sobrenatural había sido un destino al cual Linda y yo anhelábamos llegar, pero no teníamos la menor idea en cuanto a cómo podíamos avanzar hacia dicha meta. Al igual que nosotros, muchos de nuestros amigos cristianos tampoco sabían cómo conectarse con la gloria asombrosa de Dios. Creían que existía, pero no estaban seguros de que fuera posible experimentar la gloria de Dios antes de entrar finalmente al cielo. Así que era como si frecuentemente se nos dijera: "No pueden llegar allá desde aquí".

La mayor parte de nuestra vida, a Linda y a mí se nos había enseñado que las señales y maravillas hechas a través del Espíritu Santo de Dios habían cesado con la muerte del último apóstol de la Biblia, y que esta actividad sobrenatural no se restablecería hasta el tiempo del retorno de Jesús. Ninguno de nosotros habíamos sido testigos de los milagros, señales y maravillas, tales como los que hicieron los creyentes llenos del Espíritu Santo del Libro de los Hechos.

Por el otro lado, sabíamos que el Dios que servíamos había hecho cosas maravillosas a través del Antiguo y el Nuevo Testamento. También sabíamos que muchas más maravillas se harían al final de los tiempos, y que también las experimentaríamos eternamente en la Nueva Jerusalén. Entonces simplemente no nos hacía sentido que Dios dejara de interactuar de maneras milagrosas con sus hijos amados por los últimos dos mil años.

Con el paso del tiempo llegamos a creer con certeza creciente en la promesa de Miqueas – Dios deseaba mostrarnos sus maravillas tal como las había mostrado a los israelitas cuando éstos salieron de Egipto. Miqueas profetizó de un tiempo cuando Dios derramaría de su presencia milagrosa de una manera muy tangible y significativa. Declaró: "Yo les mostraré maravillas como el día que saliste de Egipto" (7:15).

Linda y yo pactamos el uno con el otro, en nuestro aniversario de bodas vigésimo quinto, que estábamos listos para buscar todo lo que Dios tenía para nosotros. Estábamos confiados que nuestra meta de conectarnos espiritualmente con Dios era algo real y alcanzable.

Ahora quiero pensar que cuando le pedimos a Dios Su dirección para entrar a la dimensión sobrenatural, Él tardó en darnos una respuesta directa, solo el tiempo necesario, para darnos la oportunidad de demostrar que nuestro compromiso era genuino. Luego, con una leve sonrisa, contestó nuestras preguntas en su totalidad. De hecho, en su gracia nos dio más de lo que pedimos o pudiéramos haber imaginado (Efesios 3:20). Pero para comenzar hacia una meta sobrenatural, necesitábamos pedir ayuda sobrenatural.

Ahora quiero demostrar contigo cómo tú puedes iniciar el proceso hacia una intimidad aumentada con Dios. Él nos reveló las tres maneras principales para iniciar el camino hacia nuestra meta sobrenatural: Siempre estar pidiendo, siempre estar anhelante, y siempre estar listo, lleno de expectación – porque con Dios, ¡cualquier cosa puede ocurrir en cualquier momento!

¡SIEMPRE HAY QUE ESTAR PIDIENDO!

En el pasado, yo le había pedido a Dios por muchas cosas, pero muchas veces mis peticiones fueron inefectivas porque me faltaba la confianza de creer que yo le importaba lo suficiente como para escucharme. Con frecuencia mis oraciones no parecían avanzar más allá de las paredes y el techo. En algunas ocasiones, mis peticiones hechas a Dios eran débiles, porque en mi insensatez, yo no estaba seguro de que me iba a agradar lo que Él me contestara. El problema era que yo no conocía a Dios de una manera real e íntima. Cierto, yo conocía de Dios, pero no lo conocía a Él. Yo siempre decía "en el nombre de Jesús" como parte de mis oraciones, pero en realidad, nunca había pedido nada en Su nombre, de la manera que Él le instruyó a sus Discípulos antes de regresar al Padre. Jesús les dijo: "Hasta ahora nada habéis pedido en mi nombre; pedid, y recibiréis, para que vuestro gozo sea cumplido." (Juan 16:24).

Esta clase de petición está edificada sobre la absoluta confianza de que Dios escucha nuestras oraciones. Juan escribe en una de sus epístolas: "Y esta es la confianza que tenemos en él, que si pedimos alguna cosa conforme a su voluntad, él nos oye. Y si sabemos que él nos oye en cualquiera cosa que pidamos, sabemos que tenemos las peticiones que le hayamos hecho'" (1 Juan 5:14-15).

También hemos de pedir con completa confianza, que los planes que Él ha establecido para nosotros son buenos y no malos (Jeremías 29:11). Eventualmente yo llegué al punto en el cual yo podía confiadamente pedirle a Dios cualquier cosa sin temor en cuanto a cuál pudiera ser su respuesta. Aun antes de que yo sintiera el toque tangible del amor de Dios, yo sabía en mi corazón que era real. En fe confié que pronto su amor perfecto destruiría todo trazo de temor en mi corazón porque "en el amor no hay temor" y "el amor perfecto echa fuera el temor porque el temor lleva en sí castigo" (1 Juan 4:18). Sin duda Dios cumpliría los deseos que Él mismo había colocado en mi corazón. Yo sabía con certeza que yo recibiría aquello que había pedido y que mi gozo sería completo.

Sigue pidiendo

Jesús dijo:

"Pedid, y se os dará; buscad, y hallaréis; llamad, y se os abrirá. Porque todo aquel que pide, recibe; y el que busca, halla; y al que llama, se le abrirá. ¿Qué hombre hay de vosotros, que si su hijo le pide pan, le dará una piedra? ¿O si le pide un pescado, le dará una serpiente? Pues si vosotros, siendo malos, sabéis dar buenas dádivas a vuestros hijos, ¿cuánto más vuestro Padre que está en los cielos dará buenas cosas a los que le pidan?" (Mateo 7:7-11)

Bill Johnson compara nuestra búsqueda de intimidad con Dios, con un niño que va en busca de huevos de pascua. Los papás amorosamente esconden los huevos de una manera apropiada según la edad del niño. La búsqueda ideal es una con cierto grado de dificultad para el que está buscando, pero el niño puede tener plena seguridad de que encontrará lo que busca si persiste en buscarlo. Cierto esfuerzo gastado en la búsqueda hace que los huevos encontrados sepan todavía más dulces.

De manera similar, la presencia y los dones de Dios no están escondidos de nosotros, pero sí están escondidos para nosotros. Con sabiduría, Dios establece el grado de dificultad para que descubramos a Él y sus bendiciones justo en el nivel correcto. El escritor de Proverbios dice: "Gloria de Dios es encubrir un asunto; Pero honra del rey es escudriñarlo." (25:2). Dios mismo se esconde de nosotros para que nosotros lo persigamos hasta encontrarlo. Él está ansioso de dar buenas dádivas a aquellos que se lo pidan. Él sabe que nuestra fe y nuestro compromiso se fortalecen, cuando con determinación atravesamos el grado apropiado de resistencia para obtener el premio que estamos buscando. El gozo se maximiza cuando las metas de vida, dadas por Dios mismo, se logran a través de un proceso de descubrimiento dirigido por el Espíritu.

Las palabras que Jesús usó apoyan esta manera de ver a Mateo 7. Los verbos que Jesús escogió usar y quedaron grabados por Mateo en el versículo 7, *pedid, buscad* y *hallarás*, están en el tiempo continuo presente en el idioma original. Esto denota un proceso continuo. Kenneth Wuest, en su traducción del Nuevo Testamento, lo expresó de la siguiente manera:

> Sigue pidiendo que algo te sea dado, y te será dado. Sigue buscando, y encontrarás. Sigue tocando reverentemente, y se te abrirá. Porque todos aquellos que siguen pidiendo para que algo les sea dado, seguirán recibiendo. Y aquél que sigue buscando, seguirá encontrando. Y a aquél que sigue tocando reverentemente, se le abrirá.[1]

---

[1]Kenneth S. Wuest, *The New Testament: An Expanded Translation,* Mt 7:7 (Grand Rapids, MI: Eerdmans, 1997, c1961). *The New American Standard Bible: 1995 Update,* (Lahabra, CA: The Lockman Foundation, 1995). Nota del editor: Es una traducción libre de la versión en inglés por parte del traductor de este libro.

El tiempo en que Dios se dispone a contestar nuestras oraciones siempre es perfecto, pero puede que no conjugue bien con nuestras impacientes expectaciones humanas. Cuando le pedimos regalos espirituales, es importante que confiemos en Él para decidir cuáles regalos darnos y el tiempo más propicio para hacerlo.

En la frase "pedid y les será dado", las palabras traducidas "les será dado" están escritas en el tiempo pasivo. Esto es significativo porque implica que lo que recibimos no depende de ninguna manera de nuestra labor o de nuestra lucha personal. Se nos instruye a pedir, pero no se nos requiere ningún esfuerzo para recibir la respuesta. Se nos instruye solo a pedir y lo demás depende totalmente de Él. Muchas personas creen que entre más piden, más les será dado. Pero el hecho es que a veces, si no tienen cuidado, su pedir se convierte en *trabajo* – están tratando de desempeñar algo a fin de que Jesús haga lo que ellos le están pidiendo que haga.

A veces tenemos la tendencia a enfocarnos demasiado intensamente en aquello que estamos pidiendo, olvidando que nuestro propósito principal es amar a Aquel a quien estamos pidiendo. Pedir de más puede convertirse en ruegos egocéntricos. Es posible enfocarnos tanto en pedir, que hasta nos olvidamos de estar atentos en espera de la respuesta de Dios. Aunque es bueno pedir y seguir pidiendo, a veces tenemos que detenernos, estar quietos y reconocer que Él tiene todo bajo su control y solo Él es Dios (1 Reyes 46:10). Tenemos que aprender a dejar de pedir lo suficiente como para escuchar la respuesta de Dios (1 Reyes 19:12). Esto solo puede hacerse con los oídos que Él nos da para oír (Marcos 4:9). Tenemos que desear oír, tomarnos el tiempo para estar quietos, y estar dispuestos a escuchar lo que Él tiene que decirnos – aun si la respuesta o el momento en que nos da la respuesta no es lo que nosotros hubiéramos querido.

Sus caminos y nuestros caminos son diferentes

Isaías nos recuerda que los caminos de Dios y los nuestros no son los mismos. Dios dice a través de él: "'Porque mis pensamientos no son vuestros pensamientos, ni vuestros caminos mis caminos, dijo Jehová. Como son más altos los cielos que la tierra, así son mis caminos más altos que vuestros caminos, y mis pensamientos más que vuestros pensamientos." (Isaías 55:8-9). Sus caminos y pensamientos están en un nivel que van mucho más allá de lo que nosotros podemos accesar en la dimensión natural.

Felizmente, Él escoge compartir con nosotros la sabiduría y la gloria de la dimensión sobrenatural, porque Isaías sigue declarando: "Porque como desciende de los cielos la lluvia y la nieve, y no vuelve allá, sino que riega la tierra, y la hace germinar y producir, y da semilla al que siembra, y pan al que come, así será mi palabra que sale de mi boca; no volverá a mí vacía, sino que hará lo que yo quiero, y será prosperada en aquello para que la envié" (Isaías 55:10-11). Así como la lluvia y la nieve provienen del cielo, Dios puede compartir sus pensamientos con nosotros a través de la dimensión sobrenatural.

La dirección precisa de Dios siempre nos sorprende a la vez que nos bendice. Sus caminos siempre son prósperos (Salmo 10:5) y no hemos de reaccionar, a una respuesta de Dios, rechazando lo que Él quiere que recibamos. Jesús siempre hizo exactamente lo que el Padre le mandó que hiciera (Juan 14:31) y decía justo lo que el Padre le dijo que dijera (Juan 12:50). Es esencial que aprendamos a hacer lo mismo.

Dios ha iniciado una relación de amor íntimo con cada uno de nosotros. Ha colocado dentro de nosotros un deseo insaciable por su amor y una añoranza profunda por las cosas gloriosas del cielo. Le honra grandemente cuando le pedimos que satisfaga nuestras necesidades de manera sobrenatural. Cuando seguimos pidiendo, buscando y tocando, Dios promete que Él suplirá exactamente lo que necesitamos para la vida y la piedad (2 Pedro 1:3). Podemos de manera absoluta e incondicional confiar en esta promesa que Él nos suplirá todo aquello que necesitamos para vivir una vida santa de manera sobrenatural.

Ten Esperanza

El verano del año pasado, Linda y yo pasamos una semana en la isla San Martín en el Caribe. El condominio donde nos quedamos tenía una ventana con una nube muy grande, que proveía una vista magnífica del mar color turquesa rodeando toda nuestra pequeña isla. Era uno de los lugares más bellos que yo jamás había visto.

El quinto día de nuestra estancia allí, hubo un cambio de clima. Un huracán a unas cuatrocientas millas al norte había alterado la humedad en el aire. Aunque el cielo permanecía azul, como había estado los días anteriores, algo en la atmósfera había cambiado. De repente nos dimos cuenta de una gran montaña, justo en el centro de nuestra vista hacia Mar Caribe desde nuestra habitación. Lo que ahora veíamos resultó ser una isla volcánica de cinco millas cuadradas llamada Saba, con picos que estaban casi a tres mil pies arriba del nivel del mar. La Isla Saba era grandísima y nadie podía negar su existencia, y sin embargo, no la habíamos detectado a nuestra vista desde el centro del condominio por cinco días. El clima de ese día parecía ser exactamente igual que el día anterior, pero nuestra vista era extremadamente diferente.

Una hora más tarde detectamos una segunda isla, San Eustaquio, aun más lejos de Saba, en dirección del suroeste. Con el paso de las horas, ambas islas gradualmente desaparecieron a nuestra vista. Otra vez, ninguna se podía ver a causa de la humedad tan alta que había, sin embargo, la experiencia de haber visto estas islas más temprano ese día, nos dejaron con el conocimiento y la realidad de ambas islas. Después de darnos cuenta de su existencia, sabíamos que era probable que nuevamente pudiéramos disfrutar de la misma vista.

El siguiente día, la montaña de Saba reapareció, tal como esperamos. Pero se percibía tan poco, que probablemente no la hubiéramos notado si no la hubiéramos estado buscando intensamente. La isla era tan grande ese día como el día anterior, pero lo más probable es que no la hubiéramos visto si no la hubiéramos buscado a propósito. Aunque también intentamos ver otra vez a San Eustaquio, no reapareció ese día, pero sabíamos que su existencia era real. Debido a la experiencia del día anterior, tanto Linda como yo nos dábamos el placer de buscarlas y percibirlas cada vez que nos fuera posible.

El componente sobrenatural de nuestro matrimonio fue, en muchos sentidos, como esas islas por veinticinco años. La conexión íntima con el Espíritu Santo estaba frente a nuestros ojos, esperando ser percibida, pero no sabíamos dónde buscar o siquiera qué era lo que estábamos buscando. Así como las condiciones del clima causaron que no viéramos las islas por varios días, de la misma manera nuestra condición espiritual todavía no era propicia para permitirnos experimentar la dimensión de la gloria de Dios. Cuando la esperanza había crecido y se había fortalecido dentro de nosotros, le pedimos a Dios que se nos revelara en la dimensión sobrenatural. Él milagrosamente abrió nuestros ciegos ojos espirituales y ablandó nuestros corazones de piedra (Efesios 2:1-10; Ezequiel 36:26). Dios permitió a cada uno de nosotros experimentar su gloriosa presencia, la cual por tanto tiempo había estado escondida *para* nosotros, no *de* nosotros, como previamente habíamos pensado.

Encontrando a Dios a través de la esperanza

Encontrarnos con Dios es muy similar a la manera en que observamos las islas esos días en San Martín. Inicialmente, nos sentimos sobrecogidos por la manera repentina y obvia en que Dios se nos estaba revelando. Después descubrimos que Dios tenía otros aspectos de su gloria que nos estaba revelando, y luego todavía otro más. Nuestro Dios no tiene limitaciones, así que siempre hay más que podemos experimentar con Él. No obstante, a veces su presencia nos puede parecer difícil de percibir. En otros tiempos, se nos dificulta tener un encuentro poderoso con su gloria. Durante esos tiempos, sin embargo, es extremadamente valioso para nosotros conocer, basado en experiencias pasadas, cuán real Dios realmente es, donde buscarlo, y como encontrarlo otra vez. Es bueno recordar que Dios "ciertamente no está lejos de cada uno de nosotros" (Hechos 17:27).

La dimensión sobrenatural es una realidad de la cual Dios quería que nos diéramos cuenta. Una vez que experimentamos la presencia tangible de Dios, ya no hay duda concerniente de su existencia o accesibilidad en esa dimensión. El pastor Peter Lord me dijo algo que yo nunca olvidaré: "Un hombre con una experiencia nunca está a merced de un hombre con un argumento". Cuando me lo dijo, yo sólo entendía parcialmente lo que él me estaba diciendo. Una vez que experimenté de manera personal la asombrosa gloria de Dios, la declaración de Peter me hacía perfecto sentido - mentalmente, así como en mi corazón.

Aunque ni Linda ni yo estábamos totalmente seguros de qué era exactamente lo que estábamos anhelando, ni totalmente seguros de aquello que todavía no habíamos visto (Hebreos 11:1), Dios nos permitió experimentar la presencia manifiesta del Santo Dios. No hay manera que alguien nos convenza que Dios no existe, no porque hemos leído acerca de Él, ¡sino porque lo hemos experimentado! Él ha compartido con nosotros su gloria eterna porque somos sus hijos, permitiéndonos percibir su esencia sobrenatural en nuestra carne natural. No somos únicos en nuestra habilidad de ser transformados por la gloria de Dios. De hecho, cualquier creyente que está pidiendo y tiene esperanza, puede ser lleno con el Espíritu Santo, quien nos abre el paso a la dimensión sobrenatural del Reino de Dios. Sólo es, a través de la presencia del Espíritu Santo de Dios, que podremos cumplir el destino al cual hemos sido llamados.

Cumpliendo nuestro destino a través de la esperanza

Nos ayuda mucho saber hacia dónde Dios quiere que vayamos en la vida, y Dios quiere que los creyentes reconozcan cuál es su plan perfecto en cuanto a lo que el matrimonio debe ser. Cuando dos individuos, como una sola carne en su unión marital, son continuamente llenos de la gloriosa presencia del Espíritu de Dios, entonces son capacitados para funcionar con sabiduría, entendimiento y autoridad sobrenatural. Su matrimonio y ministerio abandonan las restricciones del mundo natural, permitiéndoles hacer cosas maravillosas que sólo se pueden lograr a través del consejo y el poder de Dios. Esta clase de sociedad marital cambia al mundo y avanza su Reino. También trae gran honor al Rey de reyes y al Señor de señores.

Dios quiere que los creyentes reconozcan el plan perfecto de lo que Él desea que los matrimonios sean. La esperanza que Dios coloca dentro de nosotros para el matrimonio no es que sea algo relativamente bueno, normal o aun aceptable. La esperanza que proviene de Dios es un destino sobrenatural que excede en gran manera los planes ordinarios de los hombres. La esperanza inspirada divinamente va mucho más allá de las expectaciones humanas comunes. Las metas dadas por Dios son extraordinarias y no pueden ser alcanzadas sin intervención sobrenatural. Qué bueno que Él está dispuesto y es capaz de ayudarnos a alcanzar nuestro destino divino en nuestros matrimonios. Se nos ha prometido que la esperanza no nos desilusionará, tal como Pablo escribió en Romanos: "y la esperanza no avergüenza; porque el amor de Dios ha sido derramado en nuestros corazones por el Espíritu Santo que nos fue dado" (Romanos 5:5).

Esperanza segura que prospera

Lo que hablo no se trata de una esperanza ingenua. Dios ama apasionadamente el matrimonio y juega una parte central en su presentación bíblica de la creación (Génesis 1-2), redención (Efesios

5:22-23) y el regreso triunfante de Cristo (Apocalipsis 19:6-10). Para Dios, es vitalmente importante que cumplamos con el plan verdadero para el matrimonio. Él está fuertemente motivado a impulsar a cada matrimonio hacia su destino completo por el cual su unión fue creada. El matrimonio sobrenatural es una relación rica y segura que valida la promesa de Dios, de compartir con nosotros sus cosas secretas para que nos pertenezcan a nosotros y a nuestros hijos para siempre. Dios promete a través de Moisés: "Las cosas secretas pertenecen a Jehová nuestro Dios; mas las reveladas son para nosotros y para nuestros hijos para siempre, para que cumplamos todas las palabras de esta ley" (Deuteronomio 29:29).

Cada creyente casado debe aferrarse a la esperanza real de funcionar dentro de la dimensión sobrenatural en el matrimonio. Idealmente ambos cónyuges comparten esa esperanza, pero aun un yugo desigual puede recibir bendición eterna.[2] Una relación íntima con Dios siempre nos traerá ricas bendiciones y gloria en aumento a nuestro Rey. La búsqueda y participación aun de sólo un cónyuge en un matrimonio sobrenatural, apunta proféticamente a la culminación del plan de Dios para la iglesia cuando ella, finalmente, sea unida como la perfecta y sobrenatural novia de Cristo.

Nuestra esperanza de experimentar un matrimonio sobrenatural es real. La esperanza es plantada en nuestro espíritu por Dios y sabemos que la esperanza verdadera solo viene de Él, tal como David dice en el Salmo 62:5: "Alma mía, en Dios solamente reposa, Porque de él es mi esperanza.." De la semilla de la esperanza brota expectación gozosa al anticipar lo que ha de venir: "Así que, teniendo tal esperanza, usamos de mucha franqueza" (2 Corintios 3:12).

El nuevo brote de esperanza es regada con la fe, y es a través de la fe que llegamos a tener "la certeza de lo que se espera, la convicción de lo que no se ve" (Hebreos 11:1). Con la ayuda del Espíritu Santo

---

[2] Para más sobre este tema, al final de este libro encontrará una sección titulada: "Consejos para Laura: Cómo vivir en yugo desigual".

esperamos pacientemente por aquello que deseamos, pero que todavía no tenemos: "Pero si esperamos lo que no vemos, con paciencia lo aguardamos" (Romanos 8:25).

El Señor también declara, a través de Jeremías, los planes y la esperanza que tiene para nosotros:

"Porque yo sé los pensamientos que tengo acerca de vosotros, dice Jehová, pensamientos de paz, y no de mal, para daros el fin que esperáis. Entonces me invocaréis, y vendréis y oraréis a mí, y yo os oiré; y me buscaréis y me hallaréis, porque me buscaréis de todo vuestro corazón" (Jeremías 29:11-14).

Así como con cualquier otro aspecto de nuestra vida, el plan de Dios para nuestros matrimonios es prosperarlos, dándonos esperanza y atrayéndonos a nuestro glorioso futuro. Cuando clamamos a Dios, Él verdaderamente nos escuchará y contestará. Aquellos que lo buscan con todo su corazón lo encontrarán. Éstas son promesas que nos animan y nos guían hacia nuestros destinos. ¡Ten esperanza! Nuestro glorioso futuro es totalmente seguro en las manos de nuestro Dios sobrenatural.

Estén siempre listos y expectantes

¡El tercer paso para animarte a comenzar en la búsqueda de intimidad con Dios es siempre estar listo! Nuestro Dios es tanto sorprendente como asombroso. Él nos sorprende por las maneras repentinas e inesperadas en que Él actúa. Somos asombrados por la magnitud y significancia de lo que Él escoge hacer. Continuamente ha estado en mi subconsciente, mientras escribía este libro, la exhortación de estar preparado, porque con Dios, cosas grandes pueden ocurrir en cualquier momento.

Nuevos niveles de experiencia sobrenatural

Si hemos de avanzar en el glorioso Reino de Dios, primero debemos tener el valor de desear aprender más acerca de los caminos y los planes de Dios. Cuando Él sabe que estamos listos, precisamente en el tiempo que Él ha dispuesto, Dios dramáticamente nos levanta y nos saca de donde hemos estado, a fin de colocarnos en un lugar nuevo donde Él prefiere que estemos – su voluntad perfecta. Esta transferencia de un nivel de gloria a otro ocurre repentinamente y no requiere ningún esfuerzo de nuestra parte. Pablo dijo que así es al contrastar el Antiguo Pacto con el Nuevo Pacto. "Por tanto, nosotros todos, mirando a cara descubierta como en un espejo la gloria del Señor, somos transformados de gloria en gloria en la misma imagen, como por el Espíritu del Señor" (2 Corintios 3:18). Es un acto soberano hecho por el Rey de gloria. Nuevamente repito, con Dios, cosas grandes pueden ocurrir en cualquier momento.

Dios celebra junto con nosotros cuando Él nos mueve a un nuevo nivel de madurez espiritual o experiencia sobrenatural. Tanto Él como nosotros somos llenos de gozo conforme progresamos a estas nuevas dimensiones. Nuestro redentor quiere que seamos completamente "transformados por la renovación de nuestras mentes" (Romanos 12:2). Sin embargo, después de traernos a un nuevo nivel de gloria, sin Él ni nosotros estaremos satisfechos si el progreso no continúa. Tenemos que aprender a estar contentos y agradecidos por donde estamos, y sin embargo a la misma vez seguir insistiendo con Dios para que más de su gloria nos sea revelada. Es una búsqueda de toda la vida que continuará hasta el día que muramos. Deseamos, así que pedimos. Esperamos y somos preparados. Dios nos transforma, así que somos agradecidos. De manera sobrenatural coloca en nosotros el deseo de pedir todavía más, y se inicia un nuevo ciclo. Con cada avance Dios nos ayuda subir más y más alto hacia el cielo. Cada transición a mayor gloria nos acerca más a ser lo que Dios nos creó para ser. A través de la transformación por el Espíritu de Dios, nosotros, los eternamente redimidos, estamos siendo hechos santos.

Aunque es un proceso completo, aquí hago hincapié en la importancia de estar listos. Dios añora llevar a cada uno de nosotros "de gloria en gloria" (2 Corintios 3:18). Él quiere que experimentemos todo lo que está disponible en su Reino glorioso. A veces nos desanimamos al ver a Dios otorgar generosamente dones espirituales a otros, mientras que nosotros, aunque fieles, no hemos recibido lo que hemos deseado. Nuestro Padre nos habla a nosotros las mismas palabras que el padre del hijo pródigo le dijo a su hijo mayor, que estaba desanimado por el trato dado a su hermano: "Hijo, tú siempre estás conmigo, y todas mis cosas son tuyas" (Lucas 15:31). Podemos confiar plenamente en nuestro padre que está en el cielo de que dará buenas cosas a aquellos que se lo piden (Mateo 7:11). Sin embargo, cuando pedimos, tenemos que estar listos, esperando recibir aquello que estamos pidiendo. Por fe, cuando clamamos a Dios, esperamos una respuesta sobrenatural que cambiará nuestras vidas.

La gloria de Dios nos sobrecoge

Dios no reserva las experiencias sobrenaturales que nos bendijeron, tanto a Linda como a mí, en el último día del congreso en Dallas, sólo para algunos creyentes especiales. Están disponibles para todos aquellos que verdaderamente las desean y las piden. El Espíritu Santo repentinamente nos levanta de la dimensión natural y nos deposita en una dimensión sobrenatural asombrosa. Al hacer esto, Dios trastorna nuestras funciones mentales y físicas para abrir nuestros ojos espirituales de una manera dramática. Él quiere que literalmente veamos su gloria. La presencia de su gloria sobrecoge los sistemas de nuestro cuerpo natural y toma el control de ellos. Muchas veces esto ocurre abruptamente, impactando sobremanera nuestras mentes mortales y nuestros sentidos físicos. Cuando nuestras sensaciones y nuestras funciones son transferidas de la dimensión natural a la dimensión sobrenatural, nos comportamos de manera diferente.

Por ejemplo:

1. Puede ser que hablemos en otras lenguas que no son entendibles a los hombres.

   • "Si yo hablase lenguas humanas y angélicas, y no tengo amor, vengo a ser como metal que resuena, o címbalo que retiñe". – 1 Corintios 13:1

   • "Y a unos puso Dios en la iglesia...los que tienen don de lenguas".– 1 Corintios 12:28

   • Doy gracias a Dios que hablo en lenguas más que todos vosotros". – 1 Corintios 14:18

2. Como vemos en la Biblia desde Génesis hasta el Apocalipsis, la presencia pesada de la gloria de Dios puede causar que nos sea difícil o aun imposible mantenernos de pie.

   • "Entonces Abram se postró sobre su rostro, y Dios habló con él..." – Génesis 17:3

   • Al describir la gloria de Dios, Ezequiel dijo, "Como parece el arco iris que está en las nubes el día que llueve, así era el parecer del resplandor alrededor. Esta fue la visión de la semejanza de la gloria de Jehová. Y cuando yo la vi, me postré sobre mi rostro, y oí la voz de uno que hablaba". – Ezequiel 1:28

   • "Cuando les dijo: Yo soy, retrocedieron, y cayeron a tierra". – (John 18:6)

   • Al describir su visión de Jesús, Juan dijo "Cuando le vi, caí como muerto a sus pies. Y él puso su diestra sobre mí, diciéndome: No temas; yo soy el primero y el último". – Apocalipsis 1:17

3. Se les da palabras de conocimiento de manera sobrenatural a los creyentes para su obra en el Reino.

- "No quiero, hermanos, que ignoréis acerca de los dones espirituales... pero a cada uno le es dada la manifestación del Espíritu para provecho. Porque a éste es dada por el Espíritu palabra de sabiduría; a otro, palabra de ciencia según el mismo Espíritu". – 1 Corintios 12:1, 7-8

- "Y dijo Pedro: Ananías, ¿por qué llenó Satanás tu corazón para que mintieses al Espíritu Santo, y sustrajeses del precio de la heredad?". – Hechos 5:3, Hechos 5:1-11

4. Sueños espirituales

- Jacob... "soñó: y he aquí una escalera que estaba apoyada en tierra, y su extremo tocaba en el cielo; y he aquí ángeles de Dios que subían y descendían por ella". – Génesis 28:12, mira también Génesis 28:10-22

- Pedro citó a Joel en el día de Pentecostés y dijo: "Y en los postreros días, dice Dios, Derramaré de mi Espíritu sobre toda carne, Y vuestros hijos y vuestras hijas profetizarán; Vuestros jóvenes verán visiones, Y vuestros ancianos soñarán sueños". – Hechos 2:17

5. Declaraciones proféticas

- Vemos cuantiosos ejemplos a través de los libros de Isaías y Daniel.

- "Y permaneciendo nosotros allí algunos días, descendió de Judea un profeta llamado Agabo, quien viniendo a vernos, tomó el cinto de Pablo, y atándose los pies y las manos, dijo: Esto dice el Espíritu Santo: Así atarán los judíos en Jerusalén al varón de quien es este cinto, y le entregarán en manos de los gentiles". – Hechos 21:10-11

6. Dolores de parto

- "Hijitos míos, por quienes vuelvo a sufrir dolores de parto, hasta que Cristo sea formado en vosotros". – Gálatas 4:19

- "¡Oh, si mi cabeza se hiciese aguas, y mis ojos fuentes de lágrimas, para que llore día y noche los muertos de la hija de mi pueblo!" – Jeremías 9:1

7. Comportamiento que muchos consideran "socialmente inapropiado".

- Los incrédulos pensaban que los discípulos estaban ebrios después de recibir al Espíritu Santo por la manera en que se estaban comportando. Esto es lo que Pedro les dijo: "Porque éstos no están ebrios, como vosotros suponéis, puesto que es la hora tercera del día. Mas esto es lo dicho por el profeta Joel:..." –Hechos 2:15-16

He mencionado solo algunas de las manifestaciones de la presencia de Dios en y sobre nosotros cuando Él decide visitarnos con su gloria. Cuando permitimos al Espíritu Santo alterar nuestro pensar, nuestras emociones y acciones físicas, estamos permitiendo que nuestro ser natural sea usado a la discreción de Dios en la esfera sobrenatural. Esto no ocurrirá, a menos que estemos dispuestos a someter, todo lo que tenemos y cada aspecto de lo que somos, a su control soberano. Santiago dijo: "Someteos, pues, a Dios..." (4:7). Esa sumisión es requerida si estamos esperando que Dios nos toque y cambie de las maneras que Él desea.

El ejemplo de Pablo

La conversión de Pablo el perseguidor, a Pablo el apóstol es una excelente demostración de cuán rápido y gloriosamente la presencia de Dios puede cambiar a aquellos que permiten que sus corazones sean disponibles para Dios. Las creencias de Pablo acerca de Jesús, aunque eran convicciones fuertes, estaban totalmente incorrectas. Sin embargo, los deseos de su corazón eran sinceros y buenos porque él pensaba que estaba sirviendo a Dios de acuerdo con lo que él había sido enseñado. Dios honró su pasión, pero corrigió su teología de manera abrupta, a través de una experiencia que Pablo no podría ignorar ni malinterpretar. En camino a Damasco, su cuerpo, alma y espíritu se toparon con la gloriosa presencia de Jesús de una manera espectacular e inolvidable. Pero se requirió de mucho más, antes de que la transformación fuera completa. Sus ojos físicos fueron cegados temporalmente para que sus ojos espirituales pudieran ver para siempre. (Hechos 9:9, 11-12, 17-19).

Pablo fue cegado en la dimensión natural por la luz de la gloria sobrenatural de Jesús. Él y sus compañeros de viaje inmediatamente cayeron al suelo, sin poder pararse ante la presencia pesada de Dios. Durante los tres días que quedó ciego a las experiencias humanas normales, Pablo se volvió agudamente consciente a la realidad de Jesús. Estaba completamente listo para escuchar lo que Dios tenía que decir a su mente y corazón. La ceguera de Pablo en la dimensión natural enfatizó el hecho, que la visión que tuvo de Ananías viniendo a restaurar su vista, era de origen sobrenatural.

En la visión, Pablo fue instruido a someterse humildemente a otro hombre que conocía a Jesús íntimamente. En ese tiempo, Ananías pesaba con más autoridad espiritual que Pablo. Con la imposición de sus manos, la vista de los ojos físicos de Pablo fueron abiertos milagrosamente. Y conforme oraba Ananías, Pablo fue lleno del Espíritu Santo, lo cual abrió totalmente sus ojos espirituales. En ese momento él fue sanado de manera doble – física y espiritualmente. Inmediatamente Pablo inició su ministerio, compartiendo con otros las revelaciones gloriosas que había recibido. Lucas escribe: "En seguida predicaba a Cristo en las sinagogas, diciendo que éste era el Hijo de Dios." (Hechos 9:20). A partir de entonces y por el resto de su vida, Pablo se dio de sí mismo desinteresadamente y seguía la dirección del Espíritu Santo en cada aspecto de su vida, tal como Jesús le había enseñado en su encuentro sobrenatural con él.

La dimensión sobrenatural revelada de manera progresiva

Como creyentes, nuestra transición a la dimensión sobrenatural del cielo es muy parecida a la de Pablo, involucrando una experiencia espiritual extraordinaria o una serie de interacciones impactantes y reales con la gloria de Dios. Estos encuentros son emocionantes y asombrosos. Abren nuestros ojos espirituales, hasta entonces ciegos, para que vean de manera clara la realidad y la significancia del deseo de Dios de tener comunión con nosotros, Espíritu a espíritu. La conexión íntima con el Espíritu Santo cambia nuestras nociones preconcebidas y mejora nuestro entendimiento de cómo Dios desea interactuar con sus hijos. Muy parecido a cuando Dios le preguntó a Job que dónde estaba él cuando la tierra fue formada, dramáticamente se nos recuerda quién Dios es y lo que nosotros no somos. (Job 38:4-5). Ver, escuchar o sentir la presencia asombrosamente real del Santo Dios tiene como propósito cambiarnos radicalmente. Después de experimentar la gloria de Dios ya no debemos ser los mismos. Cada experiencia de su gloria es una oportunidad para entrar y habitar en la esfera sobrenatural.

Dios no nos escoge para relacionarnos con Él íntimamente basado en qué tan correcta es nuestra teología. La percepción inicial de Pablo acerca de Jesús era totalmente opuesta a la verdad. Hay muchos aspectos de Dios y su Reino que no entendemos adecuadamente y no enseñamos de manera correcta. Y sin embargo, Dios ve más allá de las limitaciones de nuestra comprensión mental y mira directamente adentro de nuestros corazones. Dios fácilmente puede discernir la diferencia entre aquellos que buscan conocer acerca de Él y aquellos que desean conocerlo a Él. Dios no se deja impresionar con nuestra habilidad de memorizar las Escrituras o nuestra habilidad para ganar debates religiosos, pero dramáticamente premiará a aquellos que lo buscan sincera y diligentemente (Hebreos 11:6).

Aprender a vivir en la dimensión sobrenatural no se logra típicamente con un solo evento asombroso. La capacidad de vivir íntimamente con el Espíritu Santo no se recibe con una sola experiencia. Pero comienza cuando recibimos esa primera probada maravillosa del río del agua de la vida (Apocalipsis 22:1). Se desarrollará con el paso del tiempo a través del proceso de diariamente buscar y aceptar la presencia gloriosa de Dios.

Después de su encuentro con Jesús en el camino a Damasco, la manera de Pablo de relacionarse con Dios cambió para siempre. Por el resto de su vida sobre la tierra, Pablo estaba intencionalmente alerta, buscando recibir dirección del Espíritu Santo. Eventos repentinos e inesperados ocurrieron repetidas veces a través de su ministerio, porque él siempre estaba listo para oír la voz de Dios y obedientemente responder a todo aquello que se le dijera. Lo mismo puede ser cierto para cada uno de nosotros hoy. ¡Está listo! Cosas asombrosas pueden ocurrir en cualquier momento.

Resumen

En lo profundo de cada uno de nosotros, todos tenemos el anhelo de participar con Dios en su dimensión sobrenatural. Nuestro deseo de entrar a lo eterno va en aumento al darnos cuenta que Dios es absolutamente real y que el destino que el planeó para nosotros es compartir de Su gloria eterna. Tenazmente nos aferramos a la esperanza de conectarnos íntimamente con el Espíritu de Dios porque esa esperanza está establecida de manera segura en la verdad. Su Palabra inalterable nos dice que Cristo está sentado a la diestra del Dios (Efesios 1:20) y que estamos sentados con Él en lugares celestiales (Efesios 2:6). Jesús dice: "y donde yo estuviere, allí también estará mi servidor" (Juan 12:26) y "Padre, aquellos que me has dado, quiero que donde yo estoy, también ellos estén conmigo, para que vean mi gloria que me has dado" (Juan 17:24).

Jesús participó plenamente en la dimensión sobrenatural de Dios, mientras estuvo totalmente rodeado por la dimensión natural cuando estuvo en la tierra. Frecuentemente pedía ayuda del cielo y escuchaba intensamente a cada respuesta que recibía. Y sin embargo, no era la posición espiritual o habilidad de Jesús lo que más agradaba al Padre. Lo que hizo Jesús, que causó que su Padre se agradara en gran manera, es lo mismo que le trajo a Él eterna gloria y honor: Jesús era obediente, haciendo exactamente lo que se pedía que hiciera. Si hemos de vivir en la dimensión sobrenatural de Dios, tenemos que hacer lo mismo.

En el próximo capítulo, vamos a comenzar a enfocarnos en establecer a Jesús como el verdadero Señor de nuestra vida y matrimonio. Lo que recibimos en la dimensión sobrenatural es de inestimable valor potencial. Sin embargo, los dones espirituales no tendrán valor eterno alguno, a menos que los usemos bajo la autoridad de Aquél que los dio. Sólo hay un Señor en el Reino de luz, y la obediencia a Él es la única opción aceptable. Funcionar en la dimensión sobrenatural de Dios requiere de un serio compromiso con el señorío de Jesucristo.

Capítulo Seis

SALVADOR, PERO ¿SEÑOR?

LA SALVACIÓN Y EL SEÑORÍO

¿Dónde comienzo a contar la historia de cuán grande puede llegar a ser un amor? La famosa canción de la película "Historia de Amor" comienza con esa pregunta, y fue mi pregunta principal cuando comencé a escribir este libro. El pacto del matrimonio entre mi esposa y yo ha sido una bendición más allá de las palabras. Nos ha sorprendido cuan gran amor puede existir entre dos individuos. Me apasiona contar lo que Dios nos ha enseñado a través de nuestros veintiocho años de matrimonio al momento de estar escribiendo este libro. Tengo plena confianza de que lo que hemos aprendido puede traer a cualquier creyente ánimo, aliento, fortaleza, y sabiduría para relacionarse más gozosa y efectivamente dentro de su propia relación matrimonial. *Pero la estructura de un matrimonio que cumple su destino dentro de los planes de Dios sólo puede edificarse sobre un fundamento sobrenatural. ¡Es allí donde la historia tiene que comenzar!*

Jesús es la piedra angular en la edificación de un matrimonio sobrenatural (Efesios 2:20; 1 Pedro 2:6). El fundamento se coloca en el establecimiento de una relación íntima de amor con nuestro Dios sobrenatural. Sólo cuando estamos en Él y Él en nosotros (Juan 17:21) es que podemos poseer Su amor perfecto. El amor santo que recibimos de Dios es la fuerza impulsadora detrás de nuestra habilidad de verdaderamente llegar a ser una sola carne en cuerpo, alma y espíritu con nuestra pareja.

Establecer y mantener una relación íntima de amor con Dios requiere de los componentes fundamentales de salvación y señorío. Las verdades de la salvación son enseñadas extensivamente dentro de la iglesia evangélica, así que la mayoría de los cristianos tienen un entendimiento bastante aceptable de lo que es la salvación y cómo se obtiene a través del arrepentimiento y la fe en Jesucristo. Por el otro lado, el verdadero señorío se enseña con poca frecuencia, no se entiende en su totalidad, y rara vez lo practica el creyente individual. El déficit de señorío es extremadamente dañino al desarrollo de la intimidad con Dios. Si Jesús no es verdaderamente Señor en nuestras vidas personales y dentro de nuestros matrimonios, entonces el potencial de ser verdaderamente uno dentro de nuestras relaciones se pierde.

En discusiones, sermones, y ceremonias oficiales dentro de las iglesias, frecuentemente se describe a Jesús como "Señor y Salvador". Las palabras "Señor" y "Salvador" prácticamente se dicen como si fueran una sola palabra. Es verdad que estas palabras están muy relacionadas, pero en realidad representan dos aspectos diferentes y separados dentro de nuestra relación con Jesús. Jesús no puede ser Señor de nuestra vida hasta que primero lo aceptemos como nuestro Salvador. Lamentablemente, con demasiada frecuencia, el hecho que lo proclamemos como Salvador no da como resultado la realidad práctica de que también sea Señor en nuestras vidas.

Ya para cuando yo contaba con once años de edad, había escuchado cuantiosos sermones acerca del pecado, el infierno, el juicio venidero y la necesidad de recibir la salvación a través de Jesús. Así que cuando me preguntaron si yo ya estaba listo para recibir a Jesús como mi Señor y Salvador, dije "¡Sí!" ¿Quién no preferiría pasar la eternidad en el total gozo del cielo y evitar la tortura eterna en el lago del fuego? No había duda alguna, yo necesitaba ser salvo del infierno, pero yo no tenía la menor idea de lo que significaba el verdadero señorío. Simplemente asumía que el señorío, con un poco de esfuerzo de mi parte, seguiría después de la salvación. Para mi sorpresa, no fluyó naturalmente de la experiencia de salvación.

Linda y yo hemos descubierto, al servir en el ministerio de liberación, que muchos creyentes comparten este mismo concepto equivocado. Algunos, tan pronto que reciben la salvación, inmediatamente se sienten atraídos a establecer a Jesús como su verdadero Señor. Esta transición buena al señorío es ideal y alcanzable. Pero muchos dicen que han recibido la salvación a través de Jesús, sin embargo, tardan en realmente aceptarlo como su Señor por meses o años ¡o jamás lo hacen en esta vida!

Yo tontamente permití que transcurrieran mis años de estudios secundarios, la universidad, y la mayor parte de mi tiempo en la Facultad de Medicina, antes de estar dispuesto a hacer este compromiso. Ahora describo ese tiempo como "los años que comió la langosta" (Joel 2:25). Yo sabía que Jesús no era Señor de ciertas áreas de mi vida, pero neciamente me negaba a someterme a Él en esas áreas. Es similar a lo que una vez escuché decir a Juan Carlos Ortiz: "Frecuentemente cantamos con nuestras voces el himno "Él es Señor", y en nuestras mentes estamos declarando, "¡pero yo soy el primer ministro!" La satisfacción conmigo mismo y el hecho de que estaba conforme con vivir sólo en obediencia parcial, me provocó mucho dolor y aun heridas, tanto a mí mismo como a otros. Satanás me había engañado en conformarme con sólo una parte de la gloria que Dios ofrece a Sus hijos. Por un tiempo, permití que las metas y los placeres en el ámbito natural tomaran prioridad sobre los planes divinos y los mandatos de

Dios quien creó la naturaleza. Desafortunadamente, esta manera de vivir, perversa y falta de sabiduría, es común aún entre aquellos que dicen y cantan, "¡Jesús es Señor!

En realidad, no es difícil aprender de la Biblia cuáles comportamientos honran a Dios y cuáles son rebelión en contra de Su voluntad. Dios no esconde estas cosas de nosotros. Además podemos depender del Espíritu Santo que nos dirá cuando nos estamos metiendo en el pecado. Es más, una de las razones principales por las cuales Él vino fue para convencer al mundo de pecado, justicia y juicio (Juan 16:5-11). Yo repetidas veces ignoré las advertencias del Espíritu, con la racionalización de que en realidad, no se espera que ninguno de nosotros seamos perfectos. Y sin embargo, Dios claramente nos dice que "seamos santos" así como Él es santo (Levítico 11:44; 1 Pedro 1:16). Yo veía la santidad como una carga impuesta por Dios, pensando que Él esperaba demasiado de nosotros. Traté en mis propias fuerzas de honrar a Dios en muchas maneras, pero intencionalmente me aferraba al pecado; yo era egoísta, impuro y neciamente resistente a las maneras en que Él me deseaba cambiar. El problema básico detrás de la desobediencia era que mi amor por Dios era muy débil, y yo ni siquiera me acercaba a comprender el hermoso amor sobrenatural que Él me tenía.

En mi último año de la Facultad de Medicina, mis dos metas principales eran recibirme de médico y encontrar una esposa piadosa. Ambas metas eran buenas en sí, pero el problema era la manera en que yo buscaba lograrlas. Vivía mi vida fuera del equilibrio correcto. Pasé tanto tiempo y esfuerzo tratando de encontrar a una mujer a quien amar, que casi no dediqué tiempo para desarrollar una relación de amor con Dios, la fuente eterna de todo amor verdadero. En mi esfuerzo por encontrar mi propia realización, aquellas relaciones que eran más importantes para mí se desmoronaron a mi alrededor. Esto fue específicamente porque esas relaciones eran egocéntricas –todo se trataba de mí. Es bueno buscar amor, pero nunca se encontrará cuando uno se está enfocando en sí mismo o cuando uno sólo está buscando la satisfacción personal. Las relaciones auténticas de amor que cumplen el destino del matrimonio no se desarrollarán sin una entrega seria y consistente al señorío de Jesús. No se pueden obtener cuando no estamos dispuestos a comprometernos totalmente con Él. Verdaderamente todo tiene que tratarse de Él.

Dios coloca dentro de cada uno de nosotros un deseo increíblemente fuerte de recibir y dar amor. Su plan es que recibamos Su amor perfecto, respondamos con ese mismo amor a Él y que lo compartamos con todos aquellos con quienes nos encontramos. Ésta es la razón por la cual, cuando un experto en la Ley le preguntó a Jesús cuál era el mayor mandamiento, Jesús contestó diciendo: "Amarás al Señor tu Dios con todo tu corazón, y con toda tu alma, y con toda tu mente. Este es el primero y grande mandamiento. Y el segundo es semejante: Amarás a tu prójimo como a ti mismo. De estos dos mandamientos depende toda la ley y los profetas." (Mateo 22:37-40).

El amor santo que fluye en nosotros drásticamente altera cómo pensamos y actuamos. Literalmente nos transforma — cambiando quiénes somos y quiénes llegaremos a ser. Esta forma pura y efectiva de amor no se puede producir por esfuerzo en el ámbito natural. No se puede fabricar desde adentro de nuestra propia mente o corazón. El amor santo sólo puede recibirse como un regalo de Dios, quien lo ha puesto sobrenaturalmente en nuestros corazones.

SEÑORÍO: OBEDIENCIA COMPLETA MOTIVADA POR EL AMOR

El regalo sobrenatural de amor que recibimos de Dios tiene dos propósitos principales. **El primer propósito es que nos capacita plena y libremente a amarnos el uno al otro.** Cuando amamos a otros, se completa Su amor en nosotros. ¡Qué oportunidad tan grande de participar en su hermoso y eterno círculo de amor!

Como cónyuges en un matrimonio que está recibiendo el amor sobrenatural de Dios, se nos da el poder de amarnos, el uno al otro, de una manera profunda y consistente. El propósito de esta relación de amor es mayor que el matrimonio en sí. Su destino supremo es completar el círculo, que comienza y termina con el amor eterno de Dios. Juan escribe: "Nadie ha visto jamás a Dios. Si nos amamos unos a otros, Dios permanece en nosotros, y su amor se ha perfeccionado en nosotros" (1 Juan 4:12). Una de las maneras en que el amor de Dios es revelado en la tierra hoy, es a través de hombres y mujeres que están sometidos a Su señorío y permiten que el amor sea expresado a través de sus acciones a otros. Aunque nadie ha visto a Dios, en cierto sentido lo ven a través del amor manifestado en nosotros.

El Segundo propósito del regalo de Dios de amor perfecto es para que la obediencia sea posible. Jesús dijo: "El que me ama, mi palabra guardará; y mi Padre le amará, y vendremos a él, y haremos morada con él" (Juan 14:23). La obediencia es el resultado esperado del Amante Santo habitando dentro de aquél que Él ama. Los planes de Dios para nuestras vidas son increíblemente buenas, y Él quiere que prosperemos, proveyéndonos esperanza y un futuro (Jeremías 29:11). Su designio es que experimentemos gozo y satisfacción profunda en nuestras relaciones con otros, particularmente dentro del matrimonio. Sin embargo, el destino que Dios ha planeado para el santo matrimonio no se cumplirá hasta que Su perfecto amor habite dentro de cada cónyuge, capacitándolos a no sólo verdaderamente amarse el uno al otro, sino también a andar en obediencia auténtica. La obediencia voluntaria es el medio para completar el amor de Dios.

Cuando se responde a Dios en obediencia, verdaderamente se puede ver el fluir de Su amor eterno y autoperpetuante. Recibimos este regalo perfecto de amor y éste, por su parte, sobrenaturalmente nos lleva a aceptarlo y a responder a Él como Señor. Nuestro mayor gozo llega a ser la obediencia a Dios, porque es nuestro anhelo agradarlo. Él se convierte en nuestro mejor amigo que restaura nuestras almas y nos guía "por sendas de justicia por amor de su nombre" (Salmo 23:3). Gozosamente obedientes, permanecemos en su amor, porque su amor nos hace completos. "pero el que guarda su palabra, en éste verdaderamente el amor de Dios se ha perfeccionado" (1 Juan 2:5). Parecido al círculo del primer amor, este ciclo de amor y obediencia tiene un comienzo, pero no tiene fin. El deseo de Dios es que permanezcamos en amor con Él y seamos obedientes a Él para siempre.

Nuestro amor y nuestra obediencia son respuestas al amor perfecto de Dios. Jesús dijo, "Si guardareis mis mandamientos, permaneceréis en mi amor; así como yo he guardado los mandamientos de mi Padre, y permanezco en su amor" (Juan 15:10). Con cada giro de estos ciclos centrados en amor, Su gloria es multiplicada. Cuando nuestras vidas y nuestros matrimonios giran alrededor del amor perfecto, somos "como un espejo de la gloria del Señor" y "somos transformados de gloria en gloria en [su] misma imagen" (2 Corintios 3:18). Un matrimonio lleno del santo amor de Dios es sobrenatural y participa plenamente en el aumento del gobierno de Dios para que la paz nunca acabe (Isaías 9:7). A través del amor y la obediencia, compartimos la gloria de Dios mientras que aumentamos Su gloria.

"Dios es amor" (1 Juan 4:8) y "Su gloria cubre los cielos" (Habacuc 3:3). Cuando recibimos el santo amor de Dios, somos transformados a ser más como Él, lo cual nos da poder para amar sin restricción y obedecer si titubear. Conforme reflejamos la gloria de Dios, Su gloria es eternamente aumentada. ¡Cuánto gozo es participar en este ciclo eterno de amor y obediencia! Pablo escribe: "Por tanto, nosotros todos, mirando a cara descubierta como en un espejo la gloria del Señor, somos transformados de gloria en gloria en la misma imagen, como por el Espíritu del Señor" (2 Corintios 3:18).

La verdadera obediencia puede parecer como algo que es imposible de alcanzar y de obtener cuando pensamos en ella con nuestras mentes naturales. Pero conforme contemplamos los ojos amorosos del Padre, obedecer todos Sus deseos se convierte en normal; ya es parte de nuestro instinto y lo hacemos sin esfuerzo. Jesús nos recuerda en Mateo 11:30: "Mi yugo es fácil y mi carga es ligera". Una relación de amor íntima con el Padre a través de Jesús es lo que hace que la carga sea ligera. No podemos recibir el amor de Dios plenamente, ya sea como individuos o dentro de un matrimonio, hasta que tomemos la decisión de buscar la obediencia total y hacer que Jesús verdaderamente sea el Señor de nuestras vidas.

Ésta fue la piedra de tropiezo dentro de mis años de adolescencia y cuando estaba en los primeros años de mis "veintes". Yo sabía que Dios deseaba que yo siguiera Sus caminos, mas sin embargo intencionalmente seguía yo el camino de obediencia incompleta. Tristemente, éste es el camino que siguen muchos creyentes. Está basado en la rebelión, la cual Samuel comparó con el pecado de adivinación cuando reprendió al rey Saúl (1 Samuel 15:23).

Porque Dios es paciente, Él sí da lugar para nuestra imperfección, pero Su justicia requiere cambio en aquellos que intencionalmente están siendo desobedientes. Tratamos de darle menos importancia a nuestra rebelión, llamándola una mera travesura. A veces sí confesamos a otros que hemos fallado un poco o que de cuando en cuando cometemos una indiscreción. Pero estos eufemismos solo apaciguan nuestras conciencias, sin hacer nada para limitar los efectos destructivos del pecado voluntarioso en nuestra vida y en nuestros matrimonios. Dios fácilmente discierne los corazones del hombre y no será posible burlarse de Él. No compartirá libremente Su amor o Su gloria con persona alguna que esté en rebelión contra Él. De hecho, cuando los gálatas estaban viviendo en obediencia incompleta, Pablo les advirtió que con sus acciones, estaban sembrando semilla que cosecharía fruto destructivo en su vida. Dijo: "No os engañéis; Dios no puede ser burlado: pues todo lo que el hombre sembrare, eso también segará" (Gálatas 6:7).

SEÑORÍO: LA CLAVE A LA INTIMIDAD

La decisión de hacer a Jesús el Señor de nuestras vidas en todos sus sentidos, nos lleva a recibir, tanto el santo amor de Dios, así como la habilidad de obedecerle plenamente. El señorío es la llave para experimentar una relación íntima con nuestro Santo Dios. Isaías profetizó que Jesús tendría "el espíritu de conocimiento y de temor del Señor" (11:2).

El Espíritu de conocimiento le permitió a Jesús, y nos permite a nosotros, conocer íntimamente a Dios y apreciarlo. Cuando llegamos realmente a conocerlo, es inevitable que lo amaremos apasionadamente. En este pasaje, el Espíritu de consejo está ligado al temor del Señor porque una relación de amor íntima con el Padre, el Hijo y el Espíritu Santo depositará en nuestras almas el deseo gozoso e insaciable de responder en total obediencia. Si conocemos a Dios, lo amaremos. Y si amamos a Dios, el resultado natural es que lo obedeceremos. Una vez más, Jesús dijo, "Si me amáis, guardad mis mandamientos" (Juan 14:15).

Es el requisito específico de Dios que cada creyente individual sea santo porque Dios es santo (Levítico 11:44). Cuando el anhelo del corazón verdaderamente es la santidad, Dios lo introducirá a la dimensión sobrenatural. Para desarrollar una intimidad próspera dentro del matrimonio, cada cónyuge primero debe desarrollar una intimidad genuina con el Dios Santo. A través de esa relación divina, Dios nos imparte su amor perfecto, llevándonos a la obediencia y transformándonos milagrosamente a que seamos los cónyuges, padres y amantes que Él quiere que seamos. Sólo cuando estemos personalmente involucrados en una relación de amor sobrenatural con Dios nos será posible participar en un matrimonio sobrenatural.

Una lección importante

Toda mi vida me sentí intensamente atraído hacia el matrimonio - aun cuando era niño de poca edad. Dios colocó en mí este deseo de casarme a causa de Sus propósitos, para ser utilizado para Su gloria. Por años yo malinterpreté ese deseo, y lo aplicaba de la manera equivocada, buscando satisfacer su intención en el ámbito natural a través de mis propias percepciones y habilidades; los pecados de egoísmo, necedad y falta de compromiso eran prominentes en mi vida. A pesar de mis fallas, Dios no revocó su plan especial para mi matrimonio. Mi Padre me ama a mí y ama al matrimonio con todo Su corazón. Sin embargo, no me permitió tener este regalo tan asombroso hasta que yo hubiera aceptado su señorío sobre mi vida. ¡Luego me lo dio! Aunque Dios no demanda a todas las personas que tomen este paso antes de entrar al matrimonio, creo que Él lo requirió en mi propia vida para enseñar que Él requiere señorío antes de cumplir los deseos más profundos de nuestros corazones.

Dios dijo a través de Isaías miles de años antes: "y te daré los tesoros escondidos, y los secretos muy guardados, para que sepas que yo soy Jehová, el Dios de Israel, que te pongo nombre" (45:3). Aunque yo no lo sabía entonces, mi deseo por un matrimonio sobresaliente era para atraerme a un matrimonio sobrenatural. Este Tesoro estaba escondido en un lugar secreto. Dios quería que se descubriera ese tesoro y que se me diera a mí y a la persona que llegaría a ser mi esposa. Pero el matrimonio que yo anhelaba en mi corazón jamás sería obtenible solo en el ámbito natural. Las tinieblas escondieron el tesoro del matrimonio sobrenatural hasta que se hizo visible a través de la gloriosa luz de la dimensión sobrenatural de Dios.

Ya para mi último semestre en la Facultad de Medicina, el señorío de Jesús en mi vida todavía estaba muy incompleto. A causa de esto, Dios permitió que muchos aspectos de mi vida tomaran un giro espiral descendente. Por fuera mi vida parecía ser una historia gloriosa de éxito, pero por dentro era obvio que yo me dirigía al fracaso total. Yo sabía que la gloria del Señor no estaba en mí. Yo estaba lejos de llegar a la meta que Dios había puesto delante de mí. El hecho que yo aún no aceptaba el señorío de Jesús me había llevado hasta el fondo por demasiado tiempo, y sin embargo Dios estaba preparado para cambiarme para siempre. Recuerda que con Dios, cosas grandes puede pasar en un instante.

Una tarde me postré delante de Dios en desesperación total. Con sinceridad declaré que yo era incapaz de estar totalmente a cargo de mi vida. Le di todo el control a Jesús y verbalmente declare que Él era el Señor de todo. En realidad yo no tenía idea de lo que significaba eso o lo que representaría en la vida diaria. ¿Cómo ocurriría todo esto? ¿Qué exactamente hace uno cuando Jesús es Señor? Yo no sabía qué esperar en el futuro. La cosa importante era que por primera vez yo confiaba en Dios para guiarme a ese futuro. Dentro de mi mente y corazón le grité a Dios las mismas palabras que Samuel habló cuando escuchó la voz de Dios por cuarta vez, "Habla, porque tu siervo oye" (1 Samuel 3:10). Dios abrió mis oídos sordos y habló dentro de ellos. Me comenzó a enseñar cómo vivir y cómo amar.

Dos semanas después, mi larga lucha para encontrar a la mujer con la que me debía casar terminó sorprendente y milagrosamente en la biblioteca de la Facultad de Medicina. Yo estaba buscando una revista específica que en ese momento no hallaba, que anunciaba un evento que estaba por suceder en Houston. Mi plan era asistir, pero primero encontrar a una chica que estuviera dispuesta a acompañarme. Sin saberlo, yo estaba en una misión que Dios mismo había dispuesto. Yo no tenía la menor idea de cuánto éxito estaba por tener al cumplir mi cometido.

Asombrosa, repentina e inesperadamente, mi búsqueda por una esposa santa llegó a su fin. Creo sin duda alguna que fui divinamente guiado al departamento audiovisual, no el lugar a donde uno suele ir para buscar una revista. La mujer que estaba trabajando en el departamento tenía una sonrisa amable, un brillo en sus ojos, y un aura que hacía muy claro que ella era una hija del Rey. Yo podía percibir la gloria del Señor en Linda, ¡y me gustaba! Dios hizo que ambos inmediatamente nos diéramos cuenta que algo asombroso había ocurrido. Fue el momento más gozoso que yo había experimentado en mis veinticinco años de vida en aquel entonces.

Tal como había ocurrido en mi decisión de declarar a Jesús como Señor, Dios había ordenado algo de profundo significado en un momento de lo más breve. En el ámbito natural, nuestra reunión parecía ser casual y no planificada. Pero yo estoy convencido que el Espíritu Santo había coreografiado todo el evento. Fue el plan impredecible pero perfecto de Dios, ocurriendo en justo el momento correcto, que sobrenaturalmente nos llevó a los dos a conocernos, para luego llegar a ser uno solo.

Buscando el reino de Dios primero

Dios conocía los anhelos de mi corazón porque Él era el que los había puesto allí mucho tiempo antes. Pero yo había permitido que estos deseos fueran más importantes para mí que Aquél que los había creado en mí. Él sabiamente no permitió que estos deseos fueran satisfechos mientras que yo participaba en la idolatría de buscar a una esposa por mi propia cuenta. El Espíritu de sabiduría (Isaías 11:2) en Jesús es evidente en las palabras sencillas de su mandato y promesa poderosa encontrada en Mateo 6: "Mas buscad primeramente el reino de Dios y su justicia, y todas estas cosas os serán añadidas" (v. 33).

Los detalles específicos y los tiempos de la historia de tu vida son muy diferentes a los míos. Para todos nosotros, sin embargo, el señorío es el prerrequisito para experimentar toda la grandeza del plan de Dios. Muchos de nosotros tontamente gastamos nuestras vidas luchando por las cosas que deseamos y necesitamos. Los deseos son buenos y las necesidades son reales. Sin embargo, el Padre sabe lo que necesitamos aun antes de que se lo pidamos (Mateo 6:8). Y Él puede y quiere dar "buenas cosas a los que le pidan" (Mateo 7:11).

El Reino de Dios y su justicia tiene que ser la primera prioridad si la vida ha de ser satisfactoria y abundante. Cuando Jesús es Señor, su poder divino proveerá todo lo que tú y tu matrimonio necesitan para "vivir como Dios manda" (2 Pedro 1:3 NVI). Yo creo que "todas estas cosas" a las que se refiere Mateo 6:33 incluyen todo lo que se necesita y aun más. Un matrimonio sobrenatural fluye en bendiciones abundantes que van mucho más allá de lo que pedimos o que nos podemos imaginar. Dios provee generosamente para todo Su pueblo, pero solo cuando verdaderamente lo buscamos primero. Su señorío tiene que ser completo en nuestras vidas si hemos de caminar en la grandeza del plan perfecto de Dios para el matrimonio sobrenatural.

Capítulo Siete

SEÑORÍO TOTAL:

PERMITIENDO A DIOS REINAR EN

TU ESPÍRITU, ALMA Y CUERPO

¡Dios está apasionado por ti! El teólogo Henri Nouwen dijo: "Dios es un amante celoso que quiere mi todo en todo momento". Él ha puesto en ti la capacidad de ser apasionado y quiere que sea usada para los propósitos por los cuales Dios la creó – el propósito principal de esa pasión es que seamos apasionados por Él. La pasión de Dios por ti y la pasión con la que le correspondes es otra manera de describir el señorío total que yo escogí ese día parteaguas en mi último año en la facultad de medicina.

Ser apasionado por Dios requiere que nos sometamos a Él totalmente. Dios quiere señorío total en nuestro espíritu, alma y cuerpo. Eso suena bien en teoría, pero ahora seamos prácticos. ¿A qué se parece el señorío total? ¿Cómo se vive en la vida terrenal? ¿Y cómo es que llegamos a ese punto?

Te quiero mostrar, en un nivel práctico, cómo hacer que Jesús sea Señor de tu espíritu, alma y aun de tu cuerpo. Una manera de ver lo que es el señorío total se puede encontrar en las palabras de Juan el Bautista. En respuesta a la pregunta de si él era o no el Cristo, Juan afirmó que no era, diciendo: "Yo a la verdad os bautizo en agua para arrepentimiento; pero el que viene tras mí, cuyo calzado yo no soy digno de llevar, es más poderoso que yo; él os bautizará en Espíritu Santo y fuego." (Mateo 3:11).

BAUTISMO EN AGUA – SEÑORÍO DEL ESPÍRITU
"Os bautizo en agua para arrepentimiento."
Agua= Señorío del Espíritu

Todos adoramos a algo o a alguien. La pregunta es: ¿A quién o qué adoramos? ¿Adoramos al rey de tinieblas o al Rey de la Luz? Toda humanidad se somete a uno de dos "señores". ¿Quién es tu Señor, Satanás o Jesús? No hay manera de estar a medias. No puedes servir a Dios y al enemigo; no puedes comer de la mesa de Dios y a la mesa de demonios (1 Corintios 10:21).

Someternos a Dios en el bautismo del agua demuestra nuestra decisión de reconocer a Jesús como Señor de nuestro espíritu. El concepto de la salvación se enseña ampliamente en la iglesia porque es lógico y fácil de comprender. Yo fui bendecido con salvación por Jesús a la edad de once, y fui bautizado en la piscina de un campamento de la iglesia en el estado de Missouri. Estaba un tanto confundido en cuanto a qué era lo que Dios esperaba de mí después de dicho evento, pero mi salvación era real. En el momento de nuestra salvación, a Jesús le importan mucho más las decisiones de nuestros corazones que nuestra comprensión humana de todo lo que implica la salvación.

La directiva principal de Jesús en cuanto a las decisiones de nuestro corazón es que para ser salvos, tenemos que creer que Él es el Hijo de Dios. Juan 8:24 declara: "si no creéis que yo soy, en vuestros pecados moriréis.." Creer que Jesús es el Hijo de Dios no es un evento aislado, sino que apenas es el comienzo de un proceso que dura toda la vida.

Jesús le dijo a los religiosos de sus días:

"Pero vosotros no creéis, porque no sois de mis ovejas, como os he dicho. Mis ovejas oyen mi voz, y yo las conozco, y me siguen, y yo les doy vida eterna; y no perecerán jamás, ni nadie las arrebatará de mi mano" (Juan 10:26-28).

El punto del versículo 26 es que las ovejas saben quién es su pastor. Escuchan su voz y obedecen su instrucción. Tienen una relación constante con el pastor que los protege y les suple todo lo que necesitan. Conforme nos relacionamos a Jesús como nuestro pastor confiable, demostramos nuestra fe en Él. Jesús desea que lo conozcamos, lo escuchemos y lo sigamos obedientemente dondequiera que Él nos guíe. El proceso de estar conectados de manera íntima con el Salvador trae gozo y satisfacción a todos los involucrados. Nada ni nadie nos puede separar de Él, ni de la vida eterna en donde disfrutaremos perpetuamente su amor. Tal como lo expresó Pablo:

"¿Quién nos separará del amor de Cristo? ¿Tribulación, o angustia, o persecución, o hambre, o desnudez, o peligro, o espada?... Antes, en todas estas cosas somos más que vencedores por medio de aquel que nos amó. Por lo cual estoy seguro de que ni la muerte, ni la vida, ni ángeles, ni principados, ni potestades, ni lo presente, ni lo por venir" (Romanos 8:35, 37-39).

Nuestro Salvador quiere que los que son salvos estén totalmente sumergidos en una relación con Él para que Él los pueda cambiar en aquello para lo cual fueron creados. Nunca debemos estancarnos después de convertirnos. La conversión auténtica es sólo la primera etapa de un proceso dinámico de convertirnos en más como Jesús; produce una conexión con la fuente eterna de transformación. La conversión no es la meta final, sino que es apenas el comienzo de un proceso de toda la vida de crecer en santidad.

El deseo del corazón de Jesús es que estemos totalmente involucrados en una relación con Él. "Mirad cuál amor nos ha dado el Padre, para que seamos llamados hijos de Dios; por esto el mundo no nos conoce, porque no le conoció a Él." (1 Juan 3:1). A través de Jesús hemos sido adoptados como hijos de Dios y recibimos al Espíritu Santo.

El bautismo en agua involucra la inmersión total de nuestro cuerpo físico en agua para que nada quede sin tocar, y nada siga aún expuesto. Declara, tanto al reino de este mundo, como al Reino de nuestro Señor: "¡Jesús es Señor de mi espíritu!" De igual manera, al ser salvos, nuestro espíritu queda totalmente sumergido en el agua viviente que fluye del trono de Dios. No hay área en nuestro espíritu que se quede sin tocar por su gloria eterna, y ninguna parte de nuestro espíritu permanece expuesta a los poderes de las tinieblas. Cuando sinceramente establecemos a Jesús como el Señor de nuestro espíritu, nuestra salvación es completa y segura.

Bautismo de fuego – Señorío del alma
"El os bautizará ... en fuego."
Fuego = Señorío del alma

Muchos cristianos están en el mismo estado en el cual yo estaba dos semanas antes de conocer a Linda en la biblioteca de la Facultad de Medicina. Con toda sinceridad, han aceptado a Jesús como el Señor de sus espíritus, lo cual es sinónimo de la salvación, pero nunca han tomado la decisión de buscar intensamente el señorío de sus almas. El alma está compuesta de la mente, la voluntad, las emociones y la imaginación. Estos aspectos de quienes somos pueden percibirse y entenderse razonablemente bien en la dimensión natural. Son dádivas de Dios que nos ayudan a entender los atributos de Dios, siendo que nos hizo a su propia imagen (Génesis 1:26). Si nuestro deseo es verdaderamente honrar a Dios, Él requiere que el señorío sea evidente en las cuatros áreas de nuestra vida.

Para tener la relación correcta con Dios, tenemos que tomar una decisión consciente de hacerlo Señor de cada parte de lo que somos. Aunque uno tome esta decisión en la dimensión natural, Dios dirige su implementación y destino a través de la dimensión sobrenatural. En el momento de la salvación, la presencia candente de Dios invade y habita el espíritu del hombre. El plan supremo es que este fuego se extienda, penetre y cambie eternamente cada aspecto del alma – mente, voluntad, emociones e imaginación.

La mente

Romanos 8:6, 7 dice: "Porque el ocuparse de la carne es muerte, pero el ocuparse del Espíritu es vida y paz. Por cuanto los designios de la carne son enemistad contra Dios; porque no se sujetan a la ley de Dios, ni tampoco pueden." La mente controlada por el Espíritu Santo está dispuesta y le es posible someterse totalmente al señorío de Jesús. Le es "vida y paz." Se nos dice en Romanos 12:2, "No os conforméis a este siglo, sino transformaos por medio de la renovación de vuestro entendimiento." La transformación se logra sobrenaturalmente en nuestra mente a través del toque sobrenatural de Dios - requiere de revelación divina.

Nuestra manera de pensar puede ser cambiada tanto que Pablo confiadamente proclama: "Tenemos la mente de Cristo" (1 Corintios 2:16). Pero para que esto ocurra, tenemos que renunciar todo el control de nuestras mentes humanas. Hemos de demoler todos los argumentos y pretensiones que se levantan contra Dios: "derribando argumentos y toda altivez que se levanta contra el conocimiento de Dios, y llevando cautivo todo pensamiento a la obediencia a Cristo." (2 Corintios 10:5). La obediencia a Cristo demanda que cada pensamiento se rinda a su completo control. Por el poder del Espíritu Santo, tenemos que aprender a cautivar nuestros pensamientos con el fin de traerlos a la completa obediencia de Cristo Jesús. Jesús tiene que convertirse en el Señor de nuestra mente si el señorío total ha de tomar lugar en la dimensión del alma.

La voluntad

Conforme nuestra alma es transformada gracias al Espíritu de Dios dentro de nosotros, también se va haciendo más y más como Jesús, quien declaró: "Porque he descendido del cielo, no para hacer mi voluntad, sino la voluntad del que me envió." (Juan 6:38). Cuando permitimos que Jesús sea el Señor de nuestra vida, el deseo de nuestro corazón llega a ser el mismo deseo que Jesús demostró tener cuando, en sumisión al Padre, declaró: "Venga tu reino. Hágase tu voluntad, como en el cielo, así también en la tierra." (Mateo 6:10). Nosotros también podremos declarar, igual que Jesús, "no se haga mi voluntad, sino la tuya" (Lucas 22:42). Somos hijos de Dios y nuestro deseo más sincero es que nuestra alma sea controlada por, y sea consistente con, la voluntad del Padre. Cuando el rendirnos a la voluntad de Dios llega a ser nuestra respuesta automática a las situaciones de la vida, la obediencia, en la mayoría de los casos, deja de ser difícil. Jesús tiene que convertirse en Señor de nuestra voluntad si hemos de caminar en su señorío total.

Las emociones

Cuando Jesús es Señor de nuestras emociones, somos libres y capaces de expresarlas de la manera que mejor le honran. En vez de ser sólo reacciones a los triunfos y desilusiones de la vida, nuestras emociones se vuelven herramientas útiles que Dios puede usar para lograr sus propósitos. El Espíritu Santo ha de guiarnos en el uso de nuestras emociones de la misma manera en que permitimos a Dios guiarnos en nuestros pensamientos, palabras y acciones.

En muchas iglesias, se desanima a los creyentes en demostrar sus emociones. Pero Dios, aunque quiere que lo honremos reverentemente, también desea tener una relación cálida e íntima con nosotros, sus hijos amados (Efesios 5:1). Hemos "recibido el espíritu de adopción, por el cual clamamos: ¡Abba, Padre!" a nuestro Dios amoroso (Romanos 8:15; Gálatas 4:6). No tengo duda alguna de que le agrada a Dios cuando Él ve lágrimas de emociones en nuestros ojos al expresarle nuestro profundo y sincero amor.

Es imposible desarrollar una relación de amor verdadero con Dios sin estar emocionalmente involucrados. Es inimaginable que una novia pudiera expresar su amor al novio el día de su boda sin expresar emoción en su voz. ¿Se puede expresar amor apasionado sin emoción? Creo que no. Conforme crezcamos en intimidad con el Padre, Él y nosotros nos involucramos emocionalmente a mayor grado. Las emociones de Él se convierten en las nuestras. Nos deleitamos en las circunstancias que le traen a Él gozo y dolemos con Dios en las situaciones que le causan a Él gran dolor. Las emociones que están totalmente sometidas a Dios son increíblemente útiles en edificar un Reino en torno a Aquél que es amor.

La imaginación

La imaginación es el componente creativo que nuestro Hacedor asombrosamente creativo ha colocado en cada uno de nosotros. El destino de este regalo es que participemos con Dios en usarlo para fortalecer su Reino y para el cumplimiento final de su plan. Dios continuamente exhibe creatividad asombrosa. Podemos conectarnos con la naturaleza imaginativa de Dios a través de actos proféticos, escritos creativos, evangelismo creativo, visiones y música. Dios frecuentemente habla a nuestra imaginación a través del sueño en la noche. A través de los sueños podemos obtener entendimiento claro del pasado y presente así como revelación profética del futuro.

Yo me encontré en una situación el año pasado en la cual pronto sería necesario tomar una decisión respecto a qué dirección debía tomar en mi vida. Ambos caminos me parecían lógicos y buenos a mi mente natural, ¿pero cuál debía tomar? Una noche, Linda y yo oramos juntos antes de dormirnos, y le pedimos a Dios que nos diera un sueño esa noche que contestara mi pregunta con claridad. Tuve un sueño muy vívido en el cual estaba manejando un carro a velocidad muy alta. En el interior del parabrisas se formó una capa gruesa de hielo, oscureciendo mi vista totalmente. Sin poder ver la carretera, detuve el carro lo más pronto posible. Cuando abrí la puerta, vi que el carro se había detenido justo a tiempo antes de cruzar por una intersección de cuatro vías muy transitadas. Luego percibí el olor de los gases de combustión. Apenas pude escaparme del carro antes de que el monóxido de carbono me hiciera daño.

Porque Dios contestó nuestra oración esa noche al darme ese sueño, pude tomar la decisión necesaria. A través del sueño Dios me indicó de manera clara que no era sabio que yo siguiera participando de la actividad que yo estaba realizando. Era obvio para mí cuál era la decisión que se debía tomar porque el sueño era claro y vívido. Dios me habló a través de mi imaginación para contestar nuestra pregunta urgente.

El señorío de Dios sobre nuestras imaginaciones puede ser proclamada cada noche en oración antes de dormir y comenzar a soñar. Muchas veces, Linda y yo declaramos que Jesús es nuestro Señor y le pedimos que santifique nuestros sueños. Respondemos al señorío de Dios sobre nuestras imaginaciones cuando le pedimos que nos hable a través de sueños, luego pedimos al Espíritu Santo la interpretación y fielmente cumplimos la visión e instrucción que Dios nos revela a través de ellos. Los sueños son un medio de comunicación asombroso y poderoso entre los creados y su Creador – tal como se demuestra repetidas veces en la Biblia. Si hemos de cumplir los propósitos para los cuales fuimos creados, hemos de dar a Dios el control total de nuestras imaginaciones.

El fuego de Dios refina las cuatro partes de nuestra alma

Cuando Juan el Bautista dijo que el Espíritu santo "os bautizará ... con fuego", predijo los medios que Dios usaría para lograr el señorío de las cuatro partes del alma de aquellos que desean ser transformados. Aceptar su señorío produce cambios radicales dentro de nosotros que sólo pueden lograrse a través del fuego santo de Dios. Su fuego purificador es increíblemente valioso a cualquiera que esté dispuesto a someterse al mismo. Aquellos que se rinden a Dios dan la bienvenida a esta llama ardiente y son bendecidos a través de su fuego refinador. Aquellos que están en rebelión en contra de Dios temen su fuego, porque reconocen que la intensidad de su santidad puede destruirlos.

"¡Horrenda cosa es caer en manos del Dios vivo!" (Hebreos 10:31).

"Fuego irá delante de Él, y abrasará a sus enemigos alrededor. Sus relámpagos alumbraron el mundo; La tierra vio y se estremeció. Los montes se derritieron como cera delante de Jehová, Delante del Señor de toda la tierra" (Salmo 97:3-5).

"Porque nuestro Dios es fuego consumidor." (Hebreos 12:29)

Ocho veces en la Biblia, se refiere a Dios como "fuego consumidor" (Hebreos 12:29). Con el paso del tiempo, todos nos veremos totalmente expuestos al fuego consumidor de Dios. Los creyentes no tratamos de escapar del fuego santo de Dios porque sabemos que es totalmente bueno. Dentro del fuego de Dios encontramos bendición profunda. Si se lo pedimos, Dios nos bautizará continuamente con su fuego. Nos refinará como plata y nos probará como oro. Cuando somos refinados por su fuego, podemos llamarlo por nombre y Él nos contestará. Dirá "ellos son mi pueblo" y nosotros diremos, "El Señor es nuestro Dios". Crecemos en intimidad con Dios conforme su fuego nos refina. El proceso de refinamiento nos hace más santos como Aquél cuyas llamas nos transforman. Aunque al principio podamos tener temor del fuego de Dios, con el tiempo aprendemos a darle la bienvenida.

Aquellos que no han permitido a Jesús ser Señor de sus almas se mantienen temerosos del fuego consumidor de Dios. Están llenos de temor cuando escuchan este concepto o leen a fondo algunas de estas Escrituras. Su fuego viene y ellos reconocen que no están preparados para ello. Debido a su falta de obediencia, no pueden experimentar de manera profunda la naturaleza satisfaciente del amor santo de Dios. Su amor perfecto es la única manera de sacar este temor al fuego (1 Juan 4:18). Cuando Jesús es Señor de nuestra alma, recibimos este amor perfecto como un regalo glorioso de Dios. Cuando el amor santo de Dios ha penetrado profundamente en nuestros corazones, y verdaderamente lo conocemos, nuestra respuesta al fuego consumidor cambia radicalmente de total temor a total deleite, porque uno de nuestros mayores deseos es ser como nuestro Padre celestial.

EL BAUTISMO DEL ESPÍRITU SANTO — SEÑORÍO DEL CUERPO

"Él os bautizará con el Espíritu Santo."
Espíritu Santo – Señorío del Cuerpo

Ya para cuando Linda y yo nos conocimos, los dos estábamos buscando vivir bajo total señorío del Señor. Sin duda que todavía quedaba en nosotros abundante madera, heno y hojarasca que sólo podía removerse a través del fuego refinador de Dios, pero estábamos dispuestos a someternos a ese fuego (1 Corintios 3:10-15). A veces nos parecía que el fuego era excesivamente caliente, al grado que nos causaba mucho dolor conforme removía nuestras impurezas, tales como el egoísmo y el orgullo. Pero con el paso del tiempo, pudimos apreciar cuán útil, valioso y totalmente bueno era el fuego refinador de Dios. Aprendimos a darle la bienvenida, aun pidiéndole a Dios que consumiera todo aquello que permanecía en nosotros que no era de Él. Este proceso nunca termina. De hecho, el proceso de santificación continuará hasta el día que muramos. Seguimos pidiendo por más del fuego refinador de Dios; que purifique nuestros corazones para que podamos reflejar mejor la gloria de Dios.

Con el paso de los años nuestra habilidad de consistentemente obedecer a Dios aumentó dramáticamente. Honrar a Dios a través de la obediencia verdaderamente se convirtió en el deseo de nuestro corazón. Y sin embargo, ambos comenzamos a percibir que había algo disponible para nosotros como creyentes que iba más allá de lo que entendíamos o que previamente habíamos experimentado. Habíamos sido bautizados en agua, proclamando así a Jesús como Señor de nuestro espíritu. Y voluntariamente nos sometimos al bautismo en el fuego consumidor de Dios, aceptándolo como Señor de nuestra alma. Sin embargo, aunque había sido nuestro deseo por años, no sabíamos cómo recibir el bautismo del Espíritu Santo.

Para nosotros, este tercer bautismo no era ni entendible, ni alcanzable hasta que pasamos por las experiencias que compartimos en un capítulo anterior. Recibir el bautismo del Espíritu Santo demandaba que rindiéramos control de nuestra carne a Dios. Requería que lo aceptáramos como Señor de nuestro cuerpo, y permitiéramos que cosas nos sucedieran a nosotros y también a través de nosotros, que no tenían sentido alguno a nuestra mente humana. La interacción del Espíritu de Dios con nuestra carne humana resultó en manifestaciones que eran consideradas sociablemente inaceptables por muchos, pero eternamente valiosas. Cuando experimentamos estas manifestaciones, dones y experiencias del Espíritu, nos dimos cuenta que alteraban nuestra vida, que ocurrían más de una vez, y que eran asombrosamente reales.

Aun más importante que encontrarnos sobrenaturalmente con Dios, sin embargo, es ser sobrenaturalmente transformado por Él. Estas experiencias con el Espíritu Santo tienen como propósito equipar, capacitar y aumentar nuestro valor para llevar mucho fruto. Cuando el Espíritu es activo dentro de nosotros, recibimos un conocimiento incrementado de quién Dios es y un mejor entendimiento de su plan glorioso para nosotros. La bondad de Dios nos lleva a una relación de amor lleno de amor, paz, gozo y un deseo fuerte de honrarlo a Él a través de obediencia a Su voluntad.

Esta progresión del señorío del espíritu, al alma y al cuerpo es la experiencia de muchas otras personas. Aunque el compromiso con Dios puede proceder en diferente orden, el patrón compartido aquí es un patrón común en la formación espiritual. Es importante recordar, sin embargo, que Dios es soberano e interactúa con sus hijos individualmente de maneras que sólo él determina. Cada persona tiene historias diferentes que contar en cuanto a lo que ellos han experimentado al encontrarse con el Espíritu de Dios. A cada uno el Espíritu Santo le parece tan impredecible como el viento. En Juan 3:8, Jesús nos recuerda que "El viento sopla de donde quiere, y oyes su sonido; mas ni sabes de dónde viene, ni a dónde va; así es todo aquel que es nacido del Espíritu."

Sin importar cómo cada uno de nosotros experimentamos y reconocemos el bautismo del Espíritu Santo en nuestra alma y cuerpo físico, es vitalmente importante que nuestra conexión íntima con el Espíritu continúe. Dios nos toca con su Espíritu para iniciar una comunión espiritual para siempre que tiene como propósito llevarnos a tener la vida que demuestre de manera poderosa la presencia divina y la gloria eterna dentro de nosotros.

Dios coloca dentro de cada uno de nosotros un intenso deseo y un hambre insaciable por más de Él. Al ser salvos gustamos y vemos que el Señor es increíblemente bueno, aumentando nuestra hambre espiritual por más de Él. Nuestro espíritu se llena de Dios, quien es la "fuente de vida eterna" (Jeremías 2:13). Por primera vez en nuestra vida comenzamos a experimentar verdadera paz que trasciende nuestro entendimiento (Filipenses 4:7) y sabemos en nuestro corazón que nunca más tendremos sed (Juan 4:14). Conforme pedimos y recibimos más del Espíritu Santo (Lucas 11:13) aumenta la presencia de Dios en nuestro espíritu, penetrando la dimensión del alma. Llenos del Espíritu Santo de Dios, tenemos "hambre y sed de justicia"

(Mateo 5:6). Conforme Dios nos transforma al renovar nuestras mentes (Romanos 12:2) nuestra voluntad llega a ser igual que la de Él. El Espíritu Santo invade nuestra alma como un fuego refinador, causando que se sujete totalmente al señorío de Dios. Pero nuestra hambre y sed insaciables por Dios no se detienen cuando Él es Señor sólo de nuestro espíritu y alma. ¡Tiene que llegar a ser Señor de todo!

Señor de Todo

Cuando menos siete veces en la Biblia se refiere a Dios como "Señor de toda la tierra" o "Señor de todos". El número siete representa perfección ... algo que ha llegado a su totalidad. Honrar a Dios requiere que nos rindamos a Él totalmente. A Jesús le agrada cuando le aceptamos como Señor de nuestro espíritu y nuestra alma. Sin embargo, ni Él ni nosotros estaremos satisfechos hasta que Él sea Señor de nuestro cuerpo también. Nuestro deseo innato por Dios nos insta a seguir pidiendo, buscando y tocando (Mateo 7:7); apasionadamente invitándole a ocupar totalmente todo lo que somos.

Nuestro amoroso Padre Celestial está deseoso de dar el Espíritu Santo a quienes se lo piden (Lucas 11:13). Cuando el Espíritu Santo se derrama en el corazón del hombre, "de su interior correrán ríos de agua viva" (Juan 7:38). El río del Espíritu de Dios inunda nuestros espíritus y almas. Cuando nuestra mente y voluntad dejan de resistir al fluir del Espíritu (Hechos 7:51), puede invadir de manera repentina nuestro cuerpo, causando frecuentemente que respondamos de maneras extraordinarias e inesperadas.

Lágrimas, risa, temblores y la incapacidad de permanecer de pie son respuestas naturales a eventos sobrenaturales. Cambios físicos ocurren en nosotros cuando nuestra carne es invadida por la gloriosa presencia de Dios. Las "leyes de la naturaleza" ya no aplican cuando rendimos control de nuestra carne a la naturaleza superior de El Elyon, el Dios Altísimo.

El Reino de Dios manifestado en ti

Los primeros discípulos de Cristo estaban confiados de que Dios sanaría toda clase de enfermedades a través de ellos. Es más, oraron que se extendiera la "mano para que se hagan sanidades y señales y prodigios mediante el nombre de tu santo Hijo Jesús." Luego Lucas agrega: "Cuando hubieron orado, el lugar en que estaban congregados tembló; y todos fueron llenos del Espíritu Santo, y hablaban con denuedo la palabra de Dios". (Hechos 4:30-31). Ellos habían visto a Jesús sanar a los enfermos y levantar a los muertos. Ahora ellos estaban llenos del mismo Espíritu Santo que le dio a Jesús la autoridad para demostrar el poder y la gloria de Dios en la tierra. Jesús primero mandó a los 12 discípulos a predicar el reino de Dios, sanar enfermos, limpiar leprosos, resucitar muertos, echar fuera demonios (Mateo 10:8). Después les dio esta misma orden a los 72 (Lucas 10:1-12) y posteriormente dijo que era una comisión para todos los discípulos (Marcos 16:15-20).

Nosotros y nuestro matrimonio pueden ser llenos con el mismo Espíritu Santo. Tenemos la misma habilidad de sanar y hacer milagrosas señales y maravillas, como creyentes enviados por Jesús en los Evangelios y el libro de los Hechos.

Dios usa milagrosas señales y maravillas para demostrar su poder sobrenatural y su gloria eterna de tal manera que pueden percibirse en el ámbito natural. Es el deseo de Dios que personalmente experimentes estas cosas. Encontrarte con Él con todos tus sentidos te permite conocerlo de maneras que no son disponibles sólo a través de la mente. Observar a otros participar de sanidades, señales y maravillas puede prepararte para permitir al Espíritu Santo manifestarse cuando tú finalmente decides someterte a Su control. Más pronto de lo que pienses, Dios podrá estar utilizando tus manos para sanar a los enfermos, tu lengua para profetizar palabras de destino y esperanza, y su autoridad en ti para echar fuera demonios.

Cuando los fariseos le preguntaron a Jesús que cuando había de venir el Reino de Dios, Él contestó: "El reino de Dios no vendrá con advertencia, ni dirán: Helo aquí, o helo allí; porque he aquí el reino de Dios está entre vosotros" (Lucas 17:20-21).

Esto igualmente se aplica a cada uno de nosotros hoy. No podemos recibir la autoridad y poder del Reino solo al observar a otros manifestar Su gloria. Tenemos nosotros, también, que estar totalmente disponibles a Él.

Somos bautizados en el Espíritu Santo cuando nosotros, como la novia de Cristo, accedemos ser uno con Jesús, nuestro Novio. El bautismo en el Espíritu Santo es una demostración de nuestra relación amorosa e íntima y sin inhibiciones con Él. Es la entrada del reino sobrenatural de Dios a la dimensión natural de nuestro cuerpo humano. No hay nada disponible en la vida terrenal que altere más profundamente nuestra habilidad de conocer a Dios, nuestro entendimiento de quienes somos nosotros, y nuestra capacidad de cumplir nuestro destino.

Acceso libre a través del Espíritu Santo

El bautismo del Espíritu Santo inicia el fluir del río de la gloria de Dios dentro de nosotros. Este fluir tangible del agua viviente tiene un comienzo, pero no debe tener fin. La gloria de Dios está continuamente disponible a aquellos que Él habita. Tal como David implicó en el Salmo 139, Dios está presente en los cielos, en lo más profundo, y en todo lo que hay entre ambos. David declaró: "¿A dónde me iré de tu Espíritu? ¿Y a dónde huiré de tu presencia? Si subiere a los cielos, allí estás tú; Y si en el Seol hiciere mi estrado, he aquí, allí tú estás" (Salmo 139:7,8). En términos teológicos, Él es omnipresente. Dios "no está lejos de cada uno de nosotros" (Hechos 17:27) y está dentro de nosotros (Job 32:8; Ezequiel 36:26-27) sobre nosotros (Hechos 2:3) y alrededor de nosotros (Salmo 3:3). Nunca te dejará ni desamparará (Deuteronomio 3:6). Dios siempre está accesible a aquellos que desean tener una relación íntima con Él.

Me encantó una enseñanza que escuché hace algunos años acerca de cómo podemos "entrar y salir" de la gloria de Dios. Dios siempre está presente sin importar donde estamos o cuales sean las circunstancias. Con deseo y práctica podemos aprender a "entrar" a la presencia de Dios, conscientemente experimentando Su presencia sobrenatural. Las interrupciones o distracciones de la vida diaria, como el sonar del teléfono por ejemplo, pueden provocar que volvamos a la dimensión natural, pero, con la misma facilidad con la cual salimos de la gloria perceptible de Dios, nuevamente podemos entrar. Desde que aprendimos esto, Linda y yo nos hemos deleitado con la habilidad de experimentar la presencia del Espíritu Santo cada vez que deseamos, no sólo como individuos pero también como una sola carne en nuestro matrimonio.

Escuchamos una enseñanza paralela por Patricia King durante su Escuela de Gloria. Ella nos enseñó que cualquier sueño o encuentro celestial dado por Dios se convierte en posesión de quien lo recibió. Estas experiencias sobrenaturales pueden reactivarse en el futuro por quienes los poseen. Dios nos los ha dado para revelarnos sus misterios y bendecirnos. ¡Estoy totalmente de acuerdo con ella! Estos encuentros gloriosos con el cielo están eternamente vivos dentro de nosotros. Se pueden revivir una y otra vez para recordarnos de la presencia gloriosa de Dios y de nuestra posición como Sus hijos muy amados.

Mi punto es que Dios nos da el deseo y la habilidad de estar íntimamente conectados con Él en una relación continua y eterna. Cierto, a veces tenemos que esperar pacientemente que venga, y continuamente tenemos que orar que su gloria venga. Pero a Dios le honra que lo busquemos apasionadamente, y le agrada compartir su amor asombroso, su gloria hermosa y sus misterios incomprensibles, al derramar Su Espíritu cuando nosotros le buscamos primero.

Demasiadas veces dependemos de otros para que nos enseñen cómo tener una relación profunda con Dios. Los maestros y mentores son maravillosos y todos los necesitamos. Pero no se puede conocer a Dios de manera verdadera solo a través de palabras e instrucción. Ninguno en un matrimonio se convierte en un gran amante sin experimentar a su cónyuge de todas las maneras concebibles. No es diferente en cuanto a nuestra relación con Dios. Nunca aprenderemos a relacionarnos íntimamente con el Amante de nuestra alma a través de las enseñanzas de quienes lo conocen. El verdadero conocimiento y entendimiento acerca de nuestro Dios sobrenatural sólo se puede obtener directamente de la fuente. Dios es la fuente de todo lo que necesitamos.

Pedro dijo que "todas las cosas que pertenecen a la vida y a la piedad nos han sido dadas por su divino poder, mediante el conocimiento de aquel que nos llamó por su gloria y excelencia" (2 Pedro 1:3). A través del poder divino del Espíritu Santo se nos ha dado libre acceso al reino espiritual.

"Antes bien, como está escrito: Cosas que ojo no vio, ni oído oyó, Ni han subido en corazón de hombre, Son las que Dios ha preparado para los que le aman. Pero Dios nos las reveló a nosotros por el Espíritu; porque el Espíritu todo lo escudriña, aun lo profundo de Dios. Porque ¿quién de los hombres sabe las cosas del hombre, sino el espíritu del hombre que está en él? Así tampoco nadie conoció las cosas de Dios, sino el Espíritu de Dios. Y nosotros no hemos recibido el espíritu del mundo, sino el Espíritu que proviene de Dios, para que sepamos lo que Dios nos ha concedido, lo cual también hablamos, no con palabras enseñadas por sabiduría humana, sino con las que enseña el Espíritu, acomodando lo espiritual a lo espiritual. Pero el hombre natural no percibe las cosas que son del Espíritu de Dios, porque para él son locura, y no las puede entender, porque se han de discernir espiritualmente" (1 Corintios 2:9-14).

El bautismo del Espíritu Santo es el tema menos entendido y más controversial en la iglesia contemporánea. Las enseñanzas de Jesús y los conceptos de vivir en santidad que se encuentran en la Biblia pueden ser entendidos hasta cierto punto por cualquier persona que desea aprenderlos. Es imposible, sin embargo, comunicar con palabras o siquiera comprender con el intelecto humano los asuntos del Espíritu. Tal como Pablo dijo, "se han de discernir espiritualmente" (2:14). "Dios es Espíritu; y los que le adoran, en espíritu y en verdad es necesario que adoren" (Juan 4:24). Los asuntos profundos e íntimos que Él anhela revelarnos como Sus hijos amados sólo los podemos recibir conforme tenemos comunión con Él espíritu a Espíritu. Las revelaciones más ricas e íntimas que provienen de Dios primero tienen que experimentarse en la carne antes que puedan siquiera ser parcialmente entendidas por la mente. El aceptar las cosas que vienen del Espíritu de Dios requiere que concedamos a Dios el señorío sobre nuestros cuerpos.

SEÑOR DE ESPÍRITU, ALMA Y CUERPO

El señorío es la clave para establecer y mantener una relación íntima y amorosa con Dios. Él no permitirá que plenamente disfrutemos de Su amor, Su gloria, Su poder o el cumplimiento de Su plan si no estamos totalmente comprometidos en estas tres áreas. No hemos de conformarnos con señorío parcial. El deseo de Dios es que seamos transformados hasta llegar a ser santos como Él es santo (1 Pedro 1:16). Esta transformación se pospondrá, detendrá o aun revocada si testarudamente rehusamos entregarle cualquier parte de nuestras vidas.

Lo maravilloso es que si buscamos a Dios, "lo hallar[emos], si lo busca[mos] de todo [nuestro] corazón y de toda [nuestra] alma" (Deuteronomio 4:29; Jeremías 29:13). Cuando verdaderamente lo buscamos primero, Él verdaderamente llega a ser nuestro Señor en cada aspecto de lo que somos y literalmente provee de todo lo que necesitamos. Dios llega a ser nuestro mejor Amigo y nuestro Amante más confiable. Él también sabe de nuestra necesidad de intimidad relacional con otros y está dispuesto a proveernos exactamente lo que necesitamos.

La intimidad con Dios hace posible que podamos entrar exitosamente a la intimidad extrema y satisfaciente del matrimonio. Cuando su amor sobrenatural es recibido en nuestro espíritu, honrado en nuestra alma, y consumado en nuestro cuerpo, se nos da la habilidad de funcionar más allá de los límites de las relaciones humanas naturales. Cuando el Espíritu Santo descansa sobre nosotros, podemos operar dentro del matrimonio sobrenatural, llenos de la esencia espiritual de sabiduría, inteligencia, consejo, poder, conocimiento y temor de Jehová (Isaías 11:2). A través del señorío total e intimidad con Dios, el matrimonio llega a ser totalmente lo que Dios estableció que fuera en el Huerto del Edén, donde, por un tiempo, la voluntad de Dios se hizo exactamente con se hacía en el cielo.

Pablo oró lo siguiente sobre los tesalonicenses y también sobre nosotros:

> "Y el mismo Dios de paz os santifique por completo; y todo vuestro ser, espíritu, alma y cuerpo, sea guardado irreprensible para la venida de nuestro Señor Jesucristo" (1 Tesalonicenses 5:23).

Ese estado "irreprensible" se logra cuando Dios mismo nos santifica. Sólo Dios nos puede hacer santos como individuos, y sólo Dios puede unir a dos creyentes convirtiéndolos en uno para establecer un verdadero matrimonio santo. No hay mayor gozo en la vida que experimentar al "Dios de paz" en el centro de nuestro matrimonio sobrenatural. El gozo de ser uno: hombre, mujer y Dios, sólo puede experimentarse cuando primeramente cada uno de los cónyuges a establecido a Jesús como el Señor de todo su ser - espíritu, alma y cuerpo. Él tiene que ser Señor de todo.

Parte Dos:

EL PLAN DE DIOS
PARA EL
MATRIMONIO SOBRENATURAL

UNA ADVERTENCIA DE ZACARÍAS CUATRO

MENOSPRECIANDO LAS COSAS PEQUEÑAS

Los siguientes capítulos tratan los tipos de matrimonios que difieren en su compatibilidad relacional, consistencia con los valore bíblicos, y su conectividad con el Espíritu Santo. El leer esto puede desanimar a aquellos que sienten que su relación marital está tan alejada de lo sobrenatural que es imposible mejorar. Por favor permítanme recordarles que nada es imposible para nuestro Dios ilimitado (Mateo 19:26). Dios mismo puso ese deseo de tener un matrimonio sobrenatural dentro de ti y el progreso ya ha comenzado. No es una coincidencia que estés leyendo este libro. ¡El Espíritu Santo mismo te ha guiado a él!

Tu atracción por aprender más acerca del matrimonio sobrenatural puede parecer una cosa pequeña, pero en realidad ¡es bastante enorme! Después de conquistar Babilonia en el año 539 A.C., el Rey Ciro de Persia nombró a Zorobabel para que dirigiera un remanente de Israel mientras regresaban a su tierra. Después de un período de varios años Zorobabel comenzó a desanimarse por el inmenso desafío de reconstruir el templo en Jerusalén. Dios envió al profeta Zacarías para animarle al decirle que no solamente él había comenzado la reconstrucción, sino que también completaría el proyecto. Zacarías le dijo a Zorobabel, "Las manos de Zorobabel echarán el cimiento de esta casa, y sus manos la acabarán; y conocerás que Jehová de los ejércitos me envió a vosotros. Porque los que menospreciaron el día de las pequeñeces se alegrarán" (Zacarías 4:9-10). El gobernador de Judea había sido aconsejado por Dios de no menospreciar las "cosas pequeñas". Debemos darnos cuenta de que todo lo que Dios hace en nosotros o a través de nosotros tiene un significado grande y eterno. Ninguna cosa hecha por Dios es pequeña.

Mientras lees los siguientes capítulos, es provechoso que reconozcas en donde están tú y tu matrimonio ahora mismo. El reconocer la realidad presente es usualmente una cosa buena. Sé honesto contigo mismo en cuanto al estado actual de tu matrimonio, pero anímate al saber que el progreso ya ha comenzado. Dios ha colocado un deseo en ti por buscar un cambio y una transformación – un deseo en ti por un matrimonio sobrenatural. Puedes confiar en Dios que Él lo va a completar (Filipenses 1:6). Al avanzar, es críticamente importante que apuntes a lo mejor en tus relaciones, tanto con Dios como con tu cónyuge. Debes "proseguir a la meta" para ganar el premio (Filipenses 3:14).

En el matrimonio, debes siempre apuntar a lo mejor y lo más alto. No comprometas el plan perfecto de Dios para ti al conformarte con un matrimonio parcialmente santo – satisfaciendo solo parte de los planes y propósitos de Dios para tu matrimonio. Sin importar el estado actual de tu relación matrimonial, tú formas parte integral de la novia de Cristo. Tú estás siendo adornado, perfeccionado y preparado para ser exactamente quien Dios te creó para que fueras. Su plan para tu matrimonio es que tanto tú como tu cónyuge, como uno solo, se involucren íntimamente con el Novio mismo. Que la voluntad de Dios sea hecha en tu vida en la tierra como lo es en el cielo (Mateo 6:10). ¡Cosas sorprendentes pueden suceder en el ámbito sobrenatural de Dios!

Capítulo Ocho

EL PLAN DEL MATRIMONIO

ATAQUE EN EL PLAN DEL MATRIMONIO

"Porque yo sé los pensamientos que tengo acerca de vosotros, dice Jehová, pensamientos de paz, y no de mal, para daros el fin que esperáis" Jeremías 29:11.

*L*inda y yo hemos usado este pasaje frecuentemente con nuestros dos chicos en un esfuerzo de animarles o motivarles un poco más para que sean quiénes Dios diseñó que fueran. Es un axioma básico en nuestra comprensión del plan perfecto de Dios para nosotros como individuos y en nuestro matrimonio. Con toda honestidad podemos decir que sus planes han sido "mucho más abundantemente de lo que pedimos o entendemos" (Efesios 3:20). Dios nos ha impactado tanto a Linda como a mí con la profundidad de su amor y la cercanía de intimidad relacional que nos ha permitido experimentar. Él es el "Dios de esperanza" que nos llena con gozo y paz, para que podamos abundar "en esperanza por el poder del Espíritu Santo" (Romanos 15:13). Dios quiere y puede prosperarnos de manera que cumplamos la esperanza que ha puesto en nosotros en cuanto a nuestro futuro. La manifestación de su plan divino frecuentemente excede nuestro entendimiento humano de lo que debiéramos esperar.

Aun en el mundo secular la mayoría de las parejas entran en el matrimonio de manera optimista, con grandes expectativas para el futuro. En nuestro día de bodas, Linda y yo realmente no teníamos idea de en lo que nos estábamos metiendo, ¡pero soñábamos con nuestro futuro con optimismo y emoción! La esperanza de un matrimonio lleno de amor y satisfacción fue puesta en nosotros por Dios como una meta alcanzable. Es su deseo apasionado de que cada matrimonio sea establecido en y construido en torno a su gloriosa y santa presencia. Las metas de Dios para el matrimonio son tan altas que inclusive usa el pacto del matrimonio como un prototipo de la intensa relación amorosa que ha de existir entre Cristo y la iglesia, que culmina con la unión de ambos como una sola carne cuando Él regrese como el Novio (Efesios 5:22-23). Dios es más que capaz de cumplir sus planes para nuestro matrimonio. Con la presencia y amor sobrenatural dentro de nosotros, tenemos una promesa específica de que nuestra esperanza no nos decepcionará (Romanos 5:5).

No existe otro elemento en la vida humana que Satanás ataque más frecuente y violentamente que el pacto del matrimonio. Él ataca su potencial gloriosamente planeado a través de la discordia, división, egoísmo, orgullo, lascivia, enojo, ira, y cualquier otro pecado imaginable. ¿Por qué sucede esto? Es simplemente porque Satanás está aterrorizado de un matrimonio centrado en Dios. Él ataca de manera más agresiva al enemigo más peligroso de su imperio maligno. Cada uno de esos métodos de ataque es una manera de cambiar el enfoque de nuestro matrimonio para alejarnos del Reino eterno de nuestro Señor y acercarnos al reino temporal de este mundo.

El matrimonio sobrenatural es una fortaleza que alberga una aleación divinamente forjada de fuerza increíble y de valor eterno

EL PLAN PARA EL MATRIMONIO   121

inestimable. En ella, el hombre, la mujer y Dios son unidos como una carne para crear una entidad para la cual Satanás no tiene una forma confiable para atacar, no tiene un plan de batalla para derrotar, ni un arma efectiva para destruir. Este tipo de matrimonio es una estructura poderosa y efectiva diseñada por el Arquitecto más sabio y construida por el Constructor más habilidoso. Ni Satanás ni ningún otro poder en el reino de las tinieblas pueden prevenir la terminación de este plan.

El matrimonio fue establecido antes de la introducción del pecado al mundo. Satanás atacó el primer matrimonio a través de la decepción y la confusión antes de que la relación entre Adán, Eva y Dios tuviera tiempo de madurar. La puerta abierta para este ataque fue la desobediencia, que estaba basada en la falta de sumisión al señorío de Dios sobre las vidas de nuestros primeros padres. Nuestro deseo principal debe seguir siendo ser obedientes a Dios mientras que corremos la carrera para cumplir cada esperanza que Él ha puesto dentro de nosotros. Dios es 100% fiel (1 Corintios 10:13) y le imitamos al ser completamente fieles, tanto en acción como en pensamiento, a nuestro cónyuge. Pero jamás debemos pensar que hemos alcanzado una altura de la cual es imposible caer (Apocalipsis 2:5).

El primer matrimonio fue gravemente dañado por Satanás antes de que sus bendiciones pudieran pasar a la siguiente generación. Cada matrimonio sobrenatural multiplica sus bendiciones al pasarlas hasta a "mil generaciones" (Deuteronomio 5:10). Si Adán y Eva no hubieran pecado en ese momento, el plan de Satanás de "robar, matar y destruir" (Juan 10:10) podría haber sido efectivamente neutralizado por muchos años. Pero en lugar de eso, sus hijos fueron castigados por "la maldad de los padres sobre los hijos hasta los terceros y hasta los cuartos" (Números 14:18).

El plan de Dios para el matrimonio siembre ha sido sabio y absolutamente bueno. Adán y Eva fueron unidos por Dios para ser marido y mujer en el primer matrimonio sobrenatural. Juntos compartían la vida abundante en el escenario más ideal, pero su rebelión en contra de Dios comenzó una espiral de muerte que casi llevó a la humanidad al abismo. Su hijo Caín estaba tan lleno de un celo sanguinario en contra de su hermano Abel (Génesis 4:1-16). Solo nueve generaciones después de Adán, la maldad del hombre fue tanta que Dios escogió destruirlos a todos excepto a la familia de Noé con un gran diluvio. La narrativa bíblica lo relata de esta manera: "Y vio Jehová que la maldad de los hombres era mucha en la tierra, y que todo designio de los pensamientos del corazón de ellos era de continuo solamente el mal" (Génesis 6:5). La horrible destrucción traída al mundo inició cuando Satanás separó exitosamente a Adán, Eva y su matrimonio sobrenatural de una conectividad íntima con Dios.

ESPERANZA EN EL BANQUETE DE LAS BODAS DEL CORDERO

Ya no vivimos en la era Adámica. Hemos recibido la ley y hemos visto el deseo apasionado de Dios por bendecir a Su pueblo, los hijos físicos y espirituales de Abraham. Su plan perfecto ha sido profetizado, revelado y llevado a cabo con poder y gloria. A través de los años, Su palabra profética ha sido escrita y hablada, mostrándonos más y más quién Él es, por qué fuimos creados, y lo que hemos sido llamados a hacer. Dios demostró su perfecto amor por nosotros a través de la vida, crucifixión, y resurrección de Su Hijo. Jesús dejó físicamente la tierra cuando ascendió al cielo, pero nos bendijo espiritualmente como creyentes con un acceso continuo al Padre y a sí mismo a través del precioso regalo del Espíritu Santo (Lucas 24:49(.

Los hijos de Adán *conocieron de* Dios, pero no *conocieron a* Dios en la misma manera que sus padres le conocieron. Sus hijos no supieron lo que era caminar con Dios sin la presencia del pecado en sus vidas. Ellos no entendían, ni podían comprender, lo que era para Dios poder venir y caminar con ellos "al aire del día" (Génesis 3:8). Esta gloriosa unión entre Adán, Eva y Dios fue interrumpida luego de la caída. Las generaciones que vinieron nunca conocieron la comunión íntima con Dios que Adán y Eva experimentaron antes de la caída, porque su conexión cercada con la fuente de santidad se había perdido. Perdieron su relación amorosa con Él y abandonaron su deseo por la verdad. Los descendientes de Adán cambiaron la luz radiante por la más oscura de las tinieblas y eventualmente perdieron sus vidas en el diluvio de la venganza de Dios.

Pero nosotros vivimos eternamente como "hijos de [la] luz" (Efesios 5:8). Tenemos posesión de la Verdad y Él nos ha hecho libres (Juan 8:32). Dios ha puesto Su Espíritu Santo dentro de nosotros para que seamos fortalecidos por una conexión constante con El y su gloria. Nosotros le conocemos porque Él está dentro de nosotros – espíritu, alma, y cuerpo.

Dios ha establecido una relación de amor intensa entre sí mismo y nosotros que está tan llena de vida, paz, gozo, y amor, que comprendemos mejor a través de la analogía que Él hace del último y perfecto matrimonio que Juan describe en Apocalipsis: "Gocémonos y alegrémonos y démosle gloria; porque han llegado las bodas del Cordero, y su esposa se ha preparado" (Apocalipsis 19:7).

Durante un interludio en la versión de Robert Stearns de la canción "Dance with Me" (Danza conmigo - grabada en el disco de adoración *The River 5: Dance With Me*), el ministro profético Mickey Robinson hace una declaración espontánea describiendo la relación perfectamente coreografiada que Dios está estableciendo entre Jesús y la iglesia mientras se preparan para bailar juntos en el banquete de bodas.

He aquí, les digo un misterio: el Señor sí quiere bailar. Estamos en un tiempo llamado "el tiempo de la novia y el Novio". Dios revelará el misterio de la novia y el Novio. Y sin embargo les digo ahora, la parte importante es que seremos movidos por Él, el Novio; no por su propia voluntad, no por su propia iniciativa, no por cierta educación, no por cierta popularidad, no por cierto don. Pues en la verdadera danza del romance el Novio guía, y la novia sigue de forma devota, bella y armoniosa.

La novia debe prepararse antes de que el Novio regrese. Cada creyente es parte de la iglesia, la cual está siendo transformada en la gloriosa novia de Cristo. El Espíritu de Cristo dentro de nosotros literalmente cambia quienes somos. Con Su perfecto amor fluyendo a través de nosotros, somos capacitados para amar apasionadamente al Novio con consistencia y desinterés. El llamado de Cristo a la intimidad se convierte en el deseo intenso de nuestros corazones al ser tocados y transformados por el increíble amor de Dios. Con el tiempo aprendemos que dondequiera que Él nos lleve en la danza es exactamente donde es mejor para nosotros. El romance es real y seguro; es completamente satisfactorio por causa de la santidad y la fidelidad de Aquél que nos guía magistralmente a través de la danza de la vida.

Nuestra relación de amor con el Novio perfecto nos lleva a una esperanza continua para el futuro. Con Cristo en nosotros no podremos ser derrotados. Él es tan fiel que nada nos puede separar de Él. Llenos con el amor del Padre y capacitados por la unción del Espíritu Santo, no hay límite para lo que podemos lograr en la danza con Jesús, nuestro Novio. Juntos con Él "nos gloriamos en la esperanza de la gloria de Dios" (Romanos 5:2).

Declaramos la verdad con confianza y denuedo de la boda venidera con el Novio santo y la novia perfecta. Pablo dice, "así que, teniendo tal esperanza, usamos de mucha franqueza" (2 Corintios 3:12). Así que sin lugar a dudas, la novia y el Novio se volverán uno gloriosamente.

Aquellos de nosotros que "tenemos tal esperanza" debemos extenderla para incluir la esperanza de alcanzar el glorioso potencial que Dios ha establecido para el santo matrimonio entre creyentes. Con el Espíritu de Dios en nosotros, nuestro propio matrimonio puede ser visto con esta misma esperanza continua e invencible. Con su gloriosa presencia en el centro de nuestros matrimonios no hay límite al grado de transformación sobrenatural que puede ocurrir.

Aunque estamos conscientes de nuestras imperfecciones en nuestro propio matrimonio y en el matrimonio de otros, no nos desanimamos por ello. La esperanza que vemos en el banquete de las bodas del Cordero descrita en Apocalipsis 19 es algo que podemos esperar, pero debemos esperarlo con paciencia (Romanos 8:25). Sin importar donde estamos o donde hemos estado, Dios está dispuesto y capaz de incrementar nuestra fe, elevar nuestro nivel de obediencia, y llevarnos a nuestro destino como Sus hijos amados (Efesios 5:1). Él es el Dios de lo mejor, lo más excelente y de lo máximo. Todo acerca de Dios es mucho más de lo que podemos experimentar o esperar dentro del ámbito natural. Él es completamente santo y absolutamente fiel. Su sabiduría no tiene límites y Su poder excede nuestra imaginación. Dios es completamente capaz de proveer todo lo que necesitamos para la vida y para la devoción. No importa donde estamos actualmente en nuestra relación con Dios, Él siempre está planeando oportunidades para que podamos avanzar más profundo en el ámbito sobrenatural.

Existe un glorioso futuro ordenado para cada uno de nosotros aun antes de que nuestros días comiencen a existir (Salmos 139:16). Mientras esperamos pacientemente, nuestra esperanza es muy real. Pablo lo explica de esta forma: "Pero si esperamos lo que no vemos, con paciencia lo aguardamos" (Romanos 8:25). Dios es muy capaz de llevarnos sobrenaturalmente, como individuos y en nuestra relación matrimonial, al cumplimiento de Su plan y propósito para nuestras vidas.

TRANSFORMACIÓN CONSTANTE E INCREMENTO CONTINUO

Hasta que alcancemos la perfección, siempre existirá la oportunidad, y hasta una expectativa por parte de Dios, para un avance continuo en nuestras vidas y una mejora en nuestro matrimonio. Mientras aprendemos a vivir y a amar como Jesús, "somos transformados de gloria en gloria en la misma imagen" (2 Corintios 3:18). De hecho. La vida cristiana es una de transformación consistente e incremento continuo en el Reino de Dios. Cuando nuestra unión matrimonial refleja la gloria del Señor, claramente honramos verdaderamente al Rey de Gloria. La única manera en que Su gloria puede brillar en nuestros matrimonios es cuando primero es recibida sobrenaturalmente "por el Espíritu del Señor" (2 Corintios 3:18). Las técnicas relacionales o los modos de comunicación más recientes obviamente pueden ayudar, pero ultimadamente es la conexión espiritual del uno con el otro y con Dios lo que verdaderamente necesitamos en nuestros matrimonios.

El Reino de Dios continuamente incrementa. No hay límite al grado en que Dios puede demostrar Su gloriosa presencia dentro de nuestras relaciones maritales. Isaías profetizó acerca del incremento continuo del reino de Dios cuando dijo, "Lo dilatado de su imperio y la paz no tendrán límite, sobre el trono de David y sobre su reino, disponiéndolo y confirmándolo en juicio y en justicia desde ahora y para siempre. El celo de Jehová de los ejércitos hará esto" (Isaías 9:7).

Los planes de Dios para nuestros matrimonios son perfectamente buenos. Como una sola carne se nos ha otorgado el privilegio de participar plenamente en el incremento de la gloria del Reino de Jesús. Pero este incremento no viene por un esfuerzo moderado o un interés parcial. Solamente el "celo de Jehová de los ejércitos" puede lograrlo. Directa o indirectamente, el Espíritu Santo imparte el celo a los participantes de cada matrimonio sobrenatural. Si no tenemos "el celo del Señor", no podemos cumplir plenamente nuestra parte de incrementar la gloria de Dios. Él desea que participemos celosamente en cada aspecto del matrimonio sobrenatural.

Debemos mencionar nuevamente que el matrimonio sobrenatural es un regalo de Dios, pero requiere que respondamos a Su llamado para que podamos experimentarlo. Si resistimos lo que Dios está tratando de hacer en nuestras vidas, podemos detener la obra sobrenatural de Dios en nuestro matrimonio. Por supuesto que Dios es lo suficientemente grande que no necesita nuestro permiso para moverse en nuestras vidas, pero Él quiere que lo anhelemos.

¿Cómo se ve el celo en nuestras vidas matrimoniales? Cuando es colocado en nuestras vidas por Dios, el celo nos capacita para amar a nuestra pareja con pasión y buscar una vida juntos con entusiasmo alegre. Hemos sido unidos sobrenaturalmente de modo que podamos ministrar juntos con una efectividad guiada por el Espíritu. Cada uno de nosotros trata al otro con completo respeto y honor total. Enfocamos activamente nuestras vidas en la búsqueda de cumplir el destino de nuestra unión matrimonial. Individualmente y como uno sólo, buscamos de todo corazón la justicia y la intimidad con Dios.

Ardiendo con pasión

¡Sin lugar a dudas Dios quiere que nuestro deseo por Él y por Su plan sea un deseo ardiente! Dios nos llama, como sus discípulos, a ser extremos en nuestra relación con Él. Jesús dijo a la iglesia de Laodicea, "Yo conozco tus obras, que ni eres frío ni caliente. ¡Ojalá fueses frío o caliente! Pero por cuanto eres tibio, y no frío ni caliente, te vomitaré de mi boca" (Apocalipsis 3:15-16). Somos llamados a una fe inquebrantable, confianza plena, amor duradero, y obediencia absoluta al Señor Jesucristo. Jesús demostró todas estas cualidades a lo largo de Su vida como hombre en la tierra. Mostró honor extremo al Padre al responder inmediatamente a todo lo que el Espíritu Santo le pidió hacer. Al responder a los judíos, Jesús dijo "No puede el Hijo hacer nada por sí mismo, sino lo que ve hacer al Padre; porque todo lo que el Padre hace, también lo hace el Hijo igualmente" (Juan 5:19). Tener un deseo apasionado por las cosas de Dios llevó a Jesús a tener un éxito sin precedentes e inesperado (por los hombres) con enormes consecuencias eternas. Ese mismo resultado puede ocurrir en ti y en tu matrimonio si mantienes un deseo ferviente por Dios.

Sin importar en qué punto te encuentres en tu matrimonio, aun si todavía no te has casado, es crítico que tengas como meta el cumplimiento total de lo que Dios tiene planeado para ti. No es bueno aceptar la imperfección desapasionadamente, pero tampoco es bueno ser desanimados por causa de ella. Puedes anticipar confiadamente el progreso sabiendo que tu esperanza no te decepcionará (Romanos 5:5). Es completamente seguro confiar en las promesas de Dios. A través de Su presencia, Dios te llevará a lo que es absolutamente mejor para ti y tu matrimonio. *Es Su deseo apasionado que tu matrimonio refleje la gloria eterna de Su Reino.*

REFLEJANDO LA GLORIA DE DIOS
EN NUESTRA VIDA Y MATRIMONIO

El candelabro de oro creado para el tabernáculo en Éxodo 25 y visto como una visión en Zacarías 4 es descrito en la Biblia para mostrarnos cómo nuestras vidas pueden reflejar la gloria del Señor. El ángel le preguntó a Zacarías, "¿Qué ves?" Zacarías respondió, "He mirado, y he aquí un candelabro todo de oro, con un depósito encima, y sus siete lámparas encima del candelabro, y siete tubos para las lámparas que están encima de él; y junto a él dos olivos, el uno a la derecha del depósito, y el otro a su izquierda" (Zacarías 4:2-3).

Keith Miller del ministerio *Stand Firm World Ministries* (Ministerio Estad Firmes) nos brinda una maravillosa enseñanza acerca de estos candelabros al enseñar acerca de los siete espíritus de Dios. Nosotros y nuestras relaciones maritales fuimos creados para ser llamas encendidas en candelabros de oro, reflejando constantemente la luz de la gloriosa presencia de Dios en nosotros.

En Levítico 24:2 Moisés recibió la siguiente instrucción: "Manda a los hijos de Israel que te traigan para el alumbrado aceite puro de olivas machacadas, para hacer arder las lámparas continuamente". Para que la llama no se apagara, las lámparas requerían un suministro continuo de aceite de oliva fresco – he aquí el por qué de los dos olivos en la visión de Zacarías.

Como creyentes sobrenaturales, somos llenados y provistos continuamente con el aceite de la unción del Espíritu de Dios. El fuego de la presencia de Dios enciende el aceite dentro de nosotros, produciendo una flama eterna y proyectando una luz brillante. Esta luz radiante puede verdaderamente brillar para siempre porque la fuente de ella es Dios mismo.

Cuando el brillo de la gloria de Dios irradia desde el centro de nuestros matrimonios sobrenaturales, vence la oscuridad que nos rodea. Ésta es una magnífica respuesta a la instrucción que Jesús nos dio en el Sermón del Monte:

> Vosotros sois la luz del mundo; una ciudad asentada sobre un monte no se puede esconder. Ni se enciende una luz y se pone debajo de un almud, sino sobre el candelero, y alumbra a todos los que están en casa. Así alumbre vuestra luz delante de los hombres, para que vean vuestras buenas obras, y glorifiquen a vuestro Padre que está en los cielos. Mateo 5:14-16

Junto con las siete lámparas del candelabro descrito en el primer tabernáculo estaban sus despabiladeras, las cuales también eran de oro puro (Éxodo 37:23). Para mantener una lámpara de aceite encendida es necesario recortar periódicamente la parte quemada en la punta del pabilo. Si los pabilos no son recortados, eventualmente producen más humo que llama, disminuyendo grandemente su habilidad de producir luz.

Como "embajadores de Cristo" (2 Corintios 5:20), es esencial que le representemos adecuadamente. Jesús es la "luz del mundo" (Juan 8:12) y Juan se refirió a Él como la luz que brilla en las tinieblas (Juan 1:5). Dios está tan lleno de luz que "no hay ningunas tinieblas en él" (1 Juan 1:5), y El quiere que todo nuestro ser sea lleno de luz también (Lucas 11:36) para que la gloria de Cristo pueda ser vista irradiando de nuestro interior. No podemos representar bien a Jesús, ni podemos reflejar Su luz gloriosa a menos que caminemos obedientemente en santidad delante de El. Proverbios 13:9 nos recuerda "La luz de los justos se alegrará; mas se apagará la lámpara de los impíos".

El oro puro usualmente representa la santidad a través de la Biblia. Debemos pedir y permitir a Dios usar su despabilador de oro para santificarnos. Él desea remover toda imperfección e impureza de nuestras vidas para que la llama que arde dentro de nosotros pueda producir consistentemente una luz deslumbrante. Dios no desea que nosotros, individualmente o en nuestro matrimonio, coloquemos nuestra luz debajo del almud. Más bien, Él quiere que la coloquemos en un candelero para que todo el mundo pueda verla. Aunque la metáfora es diferente, el concepto del fuego de Dios refinándonos para ser como el oro puro es el mismo. Tanto las llamas brillantes como el oro puro brillan con gloria. Podemos confiar en la palabra de Dios hablada a través del Rey David en el Salmo 34:5, y cantada tan poderosamente por Alberto y Kimberly Rivera, "Aquellos quienes lo ven son radiantes; sus rostros nunca serán cubiertos con vergüenza"[3].

Durante gran parte de mi vida yo estaba cómodamente haciendo cosas que parecieran estar en una zona moralmente gris – ni completamente correcto ni definitivamente incorrecto. Cuando conducía, yo me convencía que era aceptable ir unas pocas millas sobre el límite de velocidad porque los oficiales de policía no se molestarían en detenerme para darme una multa. Las decisiones de negocios que no eran completamente honestas eran tolerables siempre y cuando no fueran ilegales y si nadie más podía darse cuenta de lo que se estaba haciendo. Parecía que constantemente tenía que acercarme al límite del camino recto y angosto para asegurarme de que no me había perdido de nada por ser demasiado obediente.

Como he aprendido a recibir el incomprensible amor que Dios

---

[3] Estas palabras son de una canción llamada, "Prueba y vea" del álbum llamado *The Father Sings* por Alberto y Kimberly Rivera.

tiene para mí como Su hijo, mi corazón ha sido purificado y mis deseos transformados. Cuando fui lleno del amor de Dios pude abiertamente recibir Su fuego purificador. Más y más he perdido el interés en las cosas inmundas que han sido consumidas por el fuego de Dios. La pasión en mi vida es poder oír claramente la voz del Dios Santo y obedientemente hacer exactamente lo que me pide.

La gloria de Dios puede verdaderamente brillar en nuestra vida como individuos y como matrimonios si creemos las promesas de Dios y le permitimos purificarnos y santificarnos. No podemos producir gloria por nosotros mismos. Solo puede venir de Su presencia sobrenatural. Si nos volvemos auto-satisfechos y orgullosos, la gloria de Dios en nosotros pronto se disipará. La impureza en nuestros pensamientos y motivos, la ambición egoísta y el deseo de controlar a otros pronto extinguirán la llama y atenuarán la luz. La meta principal por la cual reflejamos la gloria de Dios debe ser honrar exclusivamente a Dios.

GLORIA A SUPERAR

Muchos se desaniman porque su cónyuge muestra poco interés o compromiso con Dios. Otros están casados con creyentes fieles, pero no han aprendido aún el valor de relacionarse íntimamente con el Amante de sus almas. En estas situaciones es importante no subestimar el poder y la efectividad de la gloria de Dios brillando en nuestra vida diariamente. Dios ha colocado dentro de cada persona un deseo intenso por Su gloria que anhela ser satisfecho. A través de uno de los cónyuges el otro puede experimentar una muestra de la bondad indescriptible de Dios. Los esposos no creyentes pueden ser "ganados sin palabra por la conducta de sus esposas" (1 Pedro 3:1). Incluso una percepción tangible del Dios de lo sobrenatural puede cambiar para siempre al perceptor.

Tú puedes ser un cónyuge devoto y una bendición para tu familia sin importar el nivel actual de participación de tu cónyuge con Dios.

Nada puede separarte del amor de Dios (Romanos 8:38-39). Satanás mismo no puede prevenir que el rio del amor de Dios fluya a través de ti hacia todos aquellos que te conocen. Por supuesto que es más difícil cuando tu cónyuge no cree en el Señor, o está tibio en Sus caminos. Pero el punto es que todo eso puede ser superado. La gloria de Dios dentro de ti triunfará ultimadamente sobre el espíritu del mundo y sobre todo ataque que el enemigo quiera traer en tu contra. Recuerda que "vosotros sois de Dios, y los habéis vencido; porque mayor es el que está en vosotros, que el que está en el mundo" (1 Juan 4:4).

La gloria de Dios brillando en ti puede avivar el deseo por Dios en otros, incluyendo tu cónyuge e hijos, sin importar que tan profundo esté escondido ese deseo. Puedes confiar en el hecho de que al buscar primero el reino de Dios y su justicia incrementará tu capacidad de compartir Su verdad, amor y gloria con todos aquellos quienes te conocen. Cuando buscas a Dios podrás encontrarle. Su santa presencia dentro de ti transformará sobrenaturalmente tu capacidad de relacionarte con otros, especialmente con la persona con quien has escogido ser una sola carne. Jesús dijo "Mas buscad primeramente el reino de Dios y su justicia, y todas estas cosas os serán añadidas" (Mateo 6:33).

ESTILOS MATRIMONIALES: AMARGADO, TOLERABLE Y FUNCIONAL

Aunque el rango de estilos matrimoniales es bastante amplio y diverso, es útil ver las categorías principales de matrimonios para ver donde ha estado una relación, dónde se encuentra actualmente, y donde podría estar algún día. Ciertamente muchas parejas muestran elementos de más de una variedad de matrimonios, pero la mayoría de las relaciones caben bien dentro de uno de los cinco estilos. En este capítulo voy a explicar tres de los cinco estilos matrimoniales y después en los siguientes dos capítulos veremos el cuarto y quinto estilo, el matrimonio ejemplar, y después ir a lo mejor de Dios para nuestros matrimonios – un matrimonio sobrenatural.

Para aquellos que ya están casados, es bueno evaluar honestamente cómo tú y tu cónyuge se relacionan dentro del matrimonio. Cuando observamos un complejo mapa en un área pública normalmente hay una flecha roja acompañada de las palabras "USTED ESTÁ AQUÍ". Una vez que sabes donde estas es mucho más fácil determinar cómo llegar a donde quisieras estar. Es lo mismo en las relaciones maritales. Conocer la verdad de dónde estás es el primer paso hacia ser verdaderamente libre. Jesús dijo, "y conoceréis la verdad, y la verdad os hará libres" (Juan 8:32). No es la verdad lo que te hace libre, sino *conocer* la verdad es lo que realmente te libera. Si no sabes en dónde te encuentras en tu matrimonio, ¿cómo puedes ser libre? Debes ser honesto contigo mismo, con tu matrimonio, y finalmente con Dios para que El pueda traer libertad a tu vida.

No te desanimes por las áreas de inmadurez e imperfección que descubras en tu matrimonio. Nunca ha existido una relación matrimonial perfecta además de la que existió antes de la caída de Adán y Eva. En el mismo sentido, no hay matrimonio tan imperfecto que esté más allá de la capacidad de Dios para mejorarlo. "Por tanto, nosotros todos, mirando a cara descubierta como en un espejo la gloria del Señor, somos transformados de gloria en gloria en la misma imagen" (2 Corintios 3:18). La transformación es un proceso divino que ocurre con el paso del tiempo. A Dios le agrada y es capaz de llevarte a ti y a tu matrimonio al ámbito de lo sobrenatural. Nuestra participación en este cambio bello y maravilloso nos lleva a un aumento de la gloria eterna de Dios.

En realidad existe un número infinito de estilos matrimoniales disponibles. No existen dos personas que hayan sido creadas exactamente iguales. Siendo que dos individuos únicos se unen en matrimonio, cada relación tiene su conjunto particular de cualidades, obligaciones, oportunidades y retos. Por cuestión de simplicidad, los estilos matrimoniales serán divididos en cinco tipos básicos. Comencemos con un estilo de matrimonio de nivel más básico, un matrimonio que apenas funciona, y movámonos hacia la meta que Dios ha puesto delante de nosotros (Filipenses 3:14).

MATRIMONIO AMARGADO

El matrimonio amargado es caracterizado por las interacciones peligrosas y dañinas entre los esposos quienes están atados por el egocentrismo, ira y resentimiento. Cada cónyuge está continuamente infeliz y frecuentemente contribuye a incrementar la miseria del otro. Este tipo de relación matrimonial es celebrado por la sociedad moderna como entretenimiento humorístico en las series de televisión, en películas cómicas, y a través de los chistes crueles de los comediantes. Satanás utiliza el humor para infiltrar este modo dañino de relacionarnos por debajo del radar protector de nuestra conciencia espiritual. La naturaleza verdadera del matrimonio amargado no es para nada gracioso. Es algo serio – potencialmente mortal para los involucrados.

Una persona que trata a la otra de manera extremadamente inadecuada es, en un principio, doloroso ante nuestro entendimiento de lo que sabemos debiera ser verdadero dentro del matrimonio. En la vida real, luego que somos expuestos repetidamente a palabras hirientes y a actos dañinos entre los cónyuges, nos quedamos con la difícil decisión de llorar o reír. Con el paso del tiempo se vuelve más y más doloroso llorar. Los poderes de las tinieblas quieren que riamos ante lo que ha sido enviado para destruirnos. El autor de Proverbios nos recuerda "Hay hombres cuyas palabras son como golpes de espada" (12:18).

El humor es utilizado en un esfuerzo de disfrazar los efectos nocivos de este tipo de relación. Verdaderamente, no hay nada gracioso en la amargura en el matrimonio. El tratarse el uno al otro con recelo, desprecio, resentimiento e ira es extremadamente dañino para cualquier relación, especialmente la relación matrimonial. Estas maneras de interactuar dañan la estructura de soporte de sus vidas individuales, su familia, la sociedad en general, y la novia de Cristo.

El diseño de Dios para el matrimonio nos dirige naturalmente al desarrollo y al disfrute del fruto del Espíritu (Gálatas 5:22-23). El hecho de que la amargura sea habitual en una relación verifica que el fruto del Espíritu rara vez se encuentra presente o que no existe para nada. Cuando ambos cónyuges participan en el matrimonio amargado, el resultado normal es que su relación irá gradualmente en espiral hacia abajo. Con el tiempo las acciones de la naturaleza pecaminosa se vuelven más y más evidentes en la vida de cada cónyuge.

Quizás la característica más prominente de aquellos involucrados en un matrimonio amargado es el egoísmo evidente, el cual es demostrado por intentos frecuentes de manipular y controlar a otros dentro de la familia. A decir verdad, tal y como el Espíritu de Dios produce fruto, el hecho de tener un matrimonio amargado es algo que Pablo define como un acto de la naturaleza pecaminosa. Él dice, "Y manifiestas son las obras de la carne, que son: adulterio, fornicación, inmundicia, lascivia, idolatría, hechicerías, enemistades, pleitos, celos, iras, contiendas, disensiones, herejías, envidias, homicidios, borracheras, orgías, y cosas semejantes a estas" (Gálatas 5:19-21).

El espíritu del anticristo inspira el matrimonio amargado. Está lleno de veneno mortal de la serpiente misma. Sin una intervención sobrenatural, su destino es el abismo del infierno. En su expresión más completa, el matrimonio amargado es la antítesis de lo que el santo matrimonio fue creado a ser ante los ojos de Dios. Es extremadamente peligroso para los involucrados y para aquellos quienes los conocen.

Tan desalentador como esto puede parecer, siempre hay esperanza aun para el matrimonio más amargado de todos. Noé vivió en la época más malvada de la historia (Génesis 6:5). Sin embargo, a través de su fe y obediencia Dios trajo salvación milagrosamente a Noé y a su familia completa (2 Pedro 2:5). Cuando Jesús vivió en la tierra como el Mesías, Él trajo vida a los muertos tanto en el ámbito natural como en el sobrenatural. Cuando el corazón de uno de los cónyuges en el matrimonio es abierto a recibir el amor transformador de Dios, lo que parecía imposible se vuelve posible. El resultado no es menos asombroso que la misma resurrección de Jesús.

MATRIMONIO TOLERABLE

El segundo estilo de matrimonio es el matrimonio tolerable. En una era donde la tolerancia es celebrada como una de las principales virtudes en nuestra sociedad, el matrimonio tolerable se ha convertido en el estilo matrimonial más común. Este tipo de relación no es el sueño americano, pero sí el modelo americano. Un matrimonio tolerable puede ser lo suficientemente viable para durar toda la vida y puede parecer por fuera bastante fuerte. Pero su base es inestable, poco fiable y apenas se sostiene ante las crisis que llega a enfrentar. Muchas de las crisis experimentadas son realmente causadas por uno o ambos cónyuges. La pareja no tiene metas reales en común ni un propósito mayor que tratar de mantener las apariencias y aguantarse el uno al otro año tras año. Este matrimonio no está caminando en lo mejor de Dios, sino simplemente viviendo juntos una vida normal, mediocre y más o menos buena.

Este tipo de matrimonio se mantiene unido por razones prácticas y por conveniencia. No está basado en una relación con Dios y pone poca atención a los principios bíblicos. La interacción entre los cónyuges es guiada por valores aprendidos de las enseñanzas seculares basadas en el ámbito secular. El marido y la mujer se mantienen juntos y presentan un frente débilmente unido por el bien de los hijos o para mantener una estabilidad financiera. Están reaccionando a la poca presión que aún ejerce la sociedad para que las parejas permanezcan casadas. Los cónyuges tienen algo de compromiso mental y emocional hacia el matrimonio y la familia, pero no tienen una relación amorosa verdadera el uno con el otro ni un pacto matrimonial verdadero. Simplemente se están tolerando el uno al otro, día tras día, año tras año.

Las interacciones entre los cónyuges en un matrimonio tolerable están basadas en la inmadurez espiritual y demuestran un grado significativo de egocentrismo. Tienen poca confianza el uno en el otro debido a un número de experiencias negativas previas. Cada uno mantiene una actitud hacia el otro que, cuando mucho, es neutral y por lo general asumen automáticamente que las intenciones de su pareja son malas aun cuando no lo sean. De hecho, puede ser que parte de esta desconfianza sea justificada.

Sin la intervención sobrenatural del amor y misericordia de Dios, la tensión causada por experiencias dolorosas del pasado aumenta implacablemente. Los mecanismos de auto-protección dentro de cada uno se activan por los poderes e las tinieblas llevándolos a la dureza, el sarcasmo y el pesimismo extremo. El peligro más eminente en el matrimonio tolerable es un descontento general que puede llevar a la desesperación. Con poca esperanza para el futuro, cada cónyuge permanece en la relación solo por simple determinación. Eventualmente la fuerza física y emocional puede agotarse, permitiendo que la relación caiga en una división profunda.

Los aspectos alentadores del matrimonio tolerable incluyen el deseo por parte de ambos de establecer y mantener algo significativo. Han sido detenidos por no entender las metas de valor eterno para la vida y el matrimonio, las cuales están al alcance de todo individuo. Aunque su relación está muy lejos de lo ideal, ellos han hecho un compromiso significativo hacia el concepto del matrimonio pues han demostrado aferrarse tenazmente a su pareja por su propia voluntad a través del tiempo. Cada uno ha estado dispuesto a buscar algo de valor que va más allá de las limitaciones del interés propio. El fuego puede estar ardiendo lentamente, pero la esperanza de una llama aún está viva.

MATRIMONIO FUNCIONAL

Un estilo de matrimonio tolerable, mejorado a través de la aplicación de sicología humana y modificación de comportamiento de buena calidad, da lugar a un matrimonio funcional. Ésta es la meta máxima del pensamiento mundano basado en el ámbito natural. Las relaciones funcionales son apoyadas indirectamente a través del uso de conceptos revelados al hombre en las palabras de la Biblia. Sin embargo, la sabiduría sobrenatural es disfrazada y debilitada por su interpretación secular.

Este tipo de matrimonio es mucho más cómodo y estable que los descritos previamente. En él los cónyuges están centrados en el otro significativamente, y cada uno asume generalmente que las intenciones del otro son buenas. La vida que ellos comparten no es netamente abundante, pero hay mucho de ello que es bueno. La pareja disfruta generalmente el estar juntos y su matrimonio funciona sin mayores percances mientras que alcanzan varias metas útiles. Los hijos pueden sentirse seguros en la familia porque creen que sus padres se aman. La relación marital es por lo general agradable, productiva y alentadora. Pueden estar satisfechos regularmente, y la esperanza para el futuro está basada en la realidad.

Los matrimonios funcionales tienden a durar muchos años. Los cónyuges verdaderamente intentan ser amables el uno con el otro de modo que no existe una fuerte motivación por irse. Si estos cónyuges estuvieran hablando sobre su relación es posible que dijeran, "Hemos hecho una buena vida matrimonial juntos". La canción central del matrimonio funcional sería, "A mí manera". El fundamento de este tipo de matrimonio es la sabiduría humana y su edificación es lograda por la fuerza del hombre. El peligro principal para un matrimonio funcional fuerte es el desarrollo del orgullo en los corazones de aquellos involucrados en la relación.

Muchas parejas han logrado, a través de su propio deseo y esfuerzo, lo que el mundo consideraría como un buen matrimonio. Tal como Jesús reveló las debilidades de la iglesia en Laodicea, las parejas en este tipo de matrimonio necesitan darse cuenta dónde están y las debilidades que tienen:

"Porque tú dices: Yo soy rico, y me he enriquecido, y de ninguna cosa tengo necesidad; y no sabes que tú eres un desventurado, miserable, pobre, ciego y desnudo. Por tanto, yo te aconsejo que de mí compres oro refinado en fuego, para que seas rico, y vestiduras blancas para vestirte, y que no se descubra la vergüenza de tu desnudez; y unge tus ojos con colirio, para que veas" (Apocalipsis 3:17-18)

En sus mentes ellos creen, "Yo soy rico, y me he enriquecido con un buen matrimonio, y de ninguna cosa tengo necesidad". Lo que ellos han logrado parece ser muy grande ante sus propios ojos. Aunque este es su punto de vista, realmente está bloqueándoles la vista de lo que es mayor, mejor y aún más glorioso. Un camino mucho más excelente está disponible para ellos, pero no lo pueden ver. El orgullo basado en lo bueno que se ha obtenido puede bloquear el progreso hacia algo considerablemente mejor.

Sin embargo, hay mucho que elogiar en un matrimonio funcional. Demuestra el deseo de tener una relación comprometida, disposición para trabajar hacia un objetivo loable, y dedicación hacia los valores compartidos. Si este matrimonio se dispone honestamente a buscar la voluntad y los caminos de Dios, progresarán naturalmente en la belleza de su relación amorosa juntos así como en la fortaleza y estabilidad de toda la familia. Algo funcional es considerablemente mejor que algo disfuncional. El matrimonio funcional es el terreno fértil para el crecimiento de la oportunidad y la esperanza.

Mientras que esta forma de matrimonio no está nada mal, aún queda mucho espacio para crecer y madurar. No es tan malo como el matrimonio amargado ni como el matrimonio tolerable, pero aún le falta el deseo y la intención de Dios para el pacto del matrimonio. Veamos ahora otro estilo de matrimonio que es mucho mejor que los ya mencionados, aunque aún no es lo mejor que Dios tiene – el matrimonio ejemplar.

Capítulo Diez

ESTILOS MATRIMONIALES: MATRIMONIO EJEMPLAR

El matrimonio funcional es algo bueno. Sin embargo, para que un matrimonio pueda ser ejemplar, ambos cónyuges debe conocer y aplicar los comportamientos enseñados en la Palabra de Dios. La pareja en el matrimonio ejemplar son fuertemente motivados a vivir de maneras que cumplen el plan de Dios. Es bueno que los esposos y las esposas tengan un entendimiento mental de lo que se enseña en la Biblia, sin embargo poco se puede lograr hasta que los conceptos bíblicos son realmente obedecidos. Este nivel de matrimonio requiere un deseo genuino y un compromiso al señorío como lo comentamos en los capítulos seis y siete. El aceptar a Jesús como Señor de nuestras vidas transforma cómo nos relacionamos el uno con el otro en el matrimonio, haciéndolo verdaderamente excepcional. Es imposible alcanzar este nivel de matrimonio sin la intervención de Dios, de Su Palabra, y de Su señorío en nuestras vidas. ¿Cuáles son las características de una relación matrimonial ejemplar? Quiero que veamos cuatro características que podemos encontrar en cualquier matrimonio ejemplar.

Amor

La primera característica que podemos encontrar en un matrimonio ejemplar es amor. Cuando le preguntaron "¿cuál es el gran mandamiento en la ley?", Jesús respondió diciendo: "Amarás al Señor tu Dios con todo tu corazón, y con toda tu alma, y con toda tu mente. Este es el primero y grande mandamiento. Y el segundo es semejante: Amarás a tu prójimo como a ti mismo. De estos dos mandamientos depende toda la ley y los profetas" (Mateo 22:34-40).

Jesús nos dice que amar a nuestro prójimo es tan importante como amar a Dios. Ambos son absolutamente esenciales para comprender y cumplir Su voluntad en la tierra. Al aprender a amar a Dios, Él nos da la habilidad de amar a nuestro prójimo como a nosotros mismos. No podemos amar plenamente hasta que Dios nos da esta habilidad en nuestros corazones. No existe prójimo tan grande en importancia ni tan cercano en proximidad como nuestro cónyuge. Así que honramos grandemente a Dios cuando amamos honesta y consistentemente a nuestro cónyuge.

Desde el principio ha sido el deseo de Dios "que nos amemos unos a otros" (1 Juan 3:11). Su voluntad no es diferente ahora de lo que fue en el Jardín del Edén. Nuestra habilidad para amar, tanto en nuestra relación matrimonial como fuera de ella, es el indicador principal de la validez de nuestra conexión con Dios. El apóstol Juan afirma esto claramente:

"Amados, si Dios nos ha amado así, debemos también nosotros amarnos unos a otros. Nadie ha visto jamás a Dios. Si nos amamos unos a otros, Dios permanece en nosotros, y su amor se ha perfeccionado en nosotros... Dios es amor; y el que permanece en amor, permanece en Dios, y Dios en él" 1 Juan 4:11-12, 16.

Cuando somos salvos, el Espíritu Santo entra en nosotros y habita dentro de nosotros. Dios mismo, quien es amor, verdaderamente existe dentro de nuestro espíritu y el amor mismo se vuelve una parte prominente de quienes somos. La presencia sobrenatural de Dios en nosotros cambia los deseos de nuestro corazón, alterando la manera en que pensamos, hablamos y nos comportamos. Aún más importante, la entrada de Dios en nuestro ser nos permite vivir y morar "en amor". El amor transformador de Dios fluye regularmente entre los cónyuges al relacionarse el uno con el otro en el matrimonio ejemplar. Este amor compartido es el mismo amor santo con el cual Dios nos bendice a cada uno de nosotros como Sus hijos amados. Es el único amor que aprendemos a recibir de Dios que nos permite amar verdaderamente a nuestra pareja de la manera en que Dios anhela.

Los autores del Nuevo Testamento usan la palabra griega ágape para explicar el perfecto amor de Dios destinado a fluir a través de cada persona en el matrimonio. Este es el tipo de amor descrito de manera tan bella y poética en 1 Corintios 13. De hecho, al inspirar este capítulo glorioso que describe el amor ágape, Dios se describe perfectamente a sí mismo. El amor ágape es la esencia de quien Dios es. Es la roca sólida sobre la cual el sagrado matrimonio es edificado. Pablo escribe:

> "El amor es sufrido, es benigno; el amor no tiene envidia, el amor no es jactancioso, no se envanece; no hace nada indebido, no busca lo suyo, no se irrita, no guarda rencor; no se goza de la injusticia, mas se goza de la verdad. Todo lo sufre, todo lo cree, todo lo espera, todo lo soporta. El amor nunca deja de ser; pero las profecías se acabarán, y cesarán las lenguas, y la ciencia acabará" (1 Corintios 13:4-8).

Agape es desinteresado y dadivoso. Sus motivos son completamente puros. *Agape* ve las necesidades y los deseos de otros en relación con nosotros mismos y demuestra paciencia y bondad mientras que abraza a su portador en un manto de humildad. Aquel que es lleno con el amor ágape perdona fácilmente, permitiendo soltar las heridas del

144 MATRIMONIO SOBRENATURAL

pasado con las manos abiertas. Un cónyuge lleno con el amor ágape de Dios mantiene la esperanza aun en situaciones donde la lógica demandaría la desesperación, sabiendo que no somos avergonzados por la esperanza: "y la esperanza no avergüenza; porque el amor de Dios ha sido derramado en nuestros corazones por el Espíritu Santo que nos fue dado" (Romanos 5:5).

El mundo secular celebra el amor *eros*, el cual es un amor romántico y sensual, como el de mayor importancia al establecer y mantener una relación marital. Aunque *eros* es extremadamente útil y disfrutable en el pacto del matrimonio, su posición como algo más esencial que el amor ágape en el matrimonio está basada en la idolatría. *Eros* por sí mismo, es un fundamento poco fiable sobre el cual muchos matrimonios y familias son edificados. Puede ser apasionado y fuerte, pero su intensidad varía significativamente con el tiempo. *Agape* es estable, confiable y de eternamente valioso en todas las relaciones humanas. Provee al matrimonio una seguridad que no es amenazada por las circunstancias de la vida o los vientos del tiempo. Cuando es recibido como un regalo de Dios, ágape puede ser tan invariable como el Dador mismo.

Una tercera palabra del griego para el amor es *fileo*. Esta forma de amor implica el amor afectuoso que comparten los más cercanos de los amigos descritos en Proverbios 18:24, "El hombre que tiene amigos ha de mostrarse amigo; y amigo hay más unido que un hermano". Es usado para expresar un cariño entre dos personas que verdaderamente disfrutan estar juntos. *Fileo* puede y debe ser evidente en la relación matrimonial. Desde que nos conocimos en la biblioteca de la escuela de medicina, Linda y yo nos hemos considerado como mejores amigos. No existe un amigo más cercano o más apreciado que un cónyuge piadoso en un matrimonio ejemplar.

El cuarto tipo de amor es *storgos*, el cual es el amor que existe entre los miembros de la familia. Dios ha puesto dentro de cada uno de nosotros un deseo particularmente fuerte por permanecer conectados a nuestra familia terrenal. Estas relaciones son tan importantes que fueron incluidas en la corta lista de los Diez Mandamientos grabados en piedra en el Monte Sinaí: "Honra a tu padre y a tu madre,(A) para que tus días se alarguen en la tierra que Jehová tu Dios te da" (Éxodo 20:12). Aun la sociedad secular honra el fuerte lazo entre los miembros de la familia, como lo demuestra la expresión "la sangre es más espesa que el agua".

Agape, eros, fileo y *storgos* son evidentes en un matrimonio ejemplar. La presencia constante de los cuatro tipos de amor asegura el lazo entre la pareja al proveer gozo, satisfacción y estabilidad. Cada uno de los cónyuges se siente completamente amado y totalmente aceptado por el otro. Es el deseo de Dios que todos sus hijos experimenten, dentro de la unión matrimonial, cada aspecto disponible de una relación amorosa profunda y rica.

HONOR

Una segunda característica de aquellos que viven en un matrimonio ejemplar es el honor. El matrimonio ejemplar es posible cuando ambos aceptan el señorío total de Dios en sus vidas individuales. El establecer el señorío es un prerrequisito esencial para la búsqueda exitosa de la justicia. La unión de dos personas quienes honestamente buscan tanto la justicia como el amor, crea un ambiente relacional capaz de producir una vida abundante y próspera juntos. Nuevamente, el autor de Proverbios declara, "El que sigue la justicia y la misericordia hallará la vida, la justicia y la honra" (21:21). El honor es expresado naturalmente dentro de este tipo de matrimonio. La unión marital también recibe honor por parte de la familia, amigos y Dios.

El honor es similar al amor *agape* en el sentido que ambos deben ser otorgados por una persona hacia la otra. No es posible honrarse a sí mismo. En Romanos 12:10 Pablo nos enseña, "en cuanto a honra, prefiriéndoos los unos a los otros". En el matrimonio, nosotros honramos a nuestro cónyuge cuando, a través de nuestras palabras o nuestras acciones, les mostramos respeto y les estimamos como mayores que nosotros mismos. Pablo y Pedro escriben acerca del respeto y el honor que debemos demostrar los unos a los otros en el cuerpo de Cristo, y aun más específicamente en el matrimonio:

"Por lo demás, cada uno de vosotros ame también a su mujer como a sí mismo; y la mujer respete a su marido" (Efesios 5:33).

"Vosotros, maridos, igualmente, vivid con ellas sabiamente, dando honor a la mujer como a vaso más frágil, y como a coherederas de la gracia de la vida, para que vuestras oraciones no tengan estorbo" (1 Pedro 3:7).

"Pagad a todos lo que debéis: al que tributo, tributo; al que impuesto, impuesto; al que respeto, respeto; al que honra, honra" (Romanos 13:7).

En los debates acerca del matrimonio, Efesios 5:33 es comúnmente citado como respaldo al concepto de que la responsabilidad más importante del marido es amar a su esposa mientras que lo más importante que la esposa puede hacer es respetar a su marido. Existe cierta validez en enfatizar los diferentes roles del hombre y la mujer al relacionarse en el matrimonio, pero existe mucho más similitud que disparidad al discutir los roles de los cónyuges dentro del sagrado matrimonio. Pedro enseña a los esposos en cuanto a su relación con sus esposas a darles honor, aunque cada seguidor de Jesús debe respetar y honrar a quienes se debe (Romanos 13:7). Esto es especialmente cierto dentro de la relación del matrimonio ejemplar. En este aspecto de la relación marital, como en muchas otras, no existe "varón ni mujer" (Gálatas 3:28), sino que somos uno en Cristo Jesús.

En el matrimonio ejemplar, ambas partes tienen la intención de vivir vidas santas dignas de respeto. Las instrucciones escritas en 1 Timoteo 3 son específicas para elegir diáconos en la iglesia. Sin embargo, no existe nada en estos versículos que sea diferente a lo que Dios espera de todos sus hijos. El versículo 8 dice, "Los diáconos asimismo deben ser honestos", mientras que el versículo 11 dice, "Las mujeres asimismo sean honestas". Un comportamiento santo es esencialmente el mismo sin importar el género, el estado civil, o un llamado específico en el ministerio. Cuando vivimos consistentemente vidas que honran a Dios, el hecho que nuestro cónyuge nos admire sinceramente y nos respete se vuelve algo natural.

El honor no puede ser inventado o creado; requiere algún tipo de justificación. Todos pueden ser respetados y honrados hasta cierto punto simplemente por llevar la semejanza de Dios. Aunque los actos piadosos hacen que sea más fácil dar honor a un individuo, no es necesario hacer esperar la muestra de respeto hasta que todos los aspectos de la vida de una persona sean admirables. Prácticamente todos los cónyuges tienen cualidades dignas de ser veneradas y celebradas, y el hacerlo es útil y alentador para ambas partes en la relación. El honor dado y recibido por los cónyuges trae una notable profundidad, estabilidad y disfrute al matrimonio ejemplar.

PACTO

Pactos eternos fueron hechos entre Dios y Noé, y más tarde entre Dios y Abraham. Estos fueron iniciados y establecidos en su totalidad por Dios antes de que Noé o Abraham tuvieran la oportunidad de participar en el cumplimiento del plan y del propósito del pacto. Estos pactos tenían implicaciones que iban más allá del entendimiento de cualquiera de estos hombres de Dios y extendieron bendiciones a sus descendientes para siempre. Una señal acompañó a cada uno de estos pactos - el arcoíris para Noé y la señal de la circuncisión para Abraham.

De igual manera, los matrimonios ejemplares están basados en una relación de pacto, iniciada y establecida por Dios, entre Sí mismo y la pareja a la cual Él ha unido. Este pacto es más fuerte que las palabras habladas en una ceremonia, mucho más profundo que simple compromiso humano, y mucho más vinculante que cualquier contrato escrito por la mano del hombre. Un contrato se rompe inmediatamente cuando alguna de las partes involucradas no cumple alguno de los aspectos establecidos por el contrato. Las fallas de los descendientes de Abraham no destruyeron el pacto eterno hecho con ellos por nuestro Dios fiel. Así mismo, las acciones imperfectas, por parte de uno o de ambos cónyuges, no pueden terminar el pacto establecido por Dios. En el matrimonio ejemplar, el pacto establecido entre el hombre, la mujer y Dios se mantiene por las tres partes involucradas. Nada es capaz de romper el cordón de tres dobleces (Eclesiastés 4:12).

PACTO ETERNO

Cuando Dios estableció sus pactos con Noé y con Abraham, ellos aún no habían cumplido ninguna de las grandes cosas por las cuales serían honrados más tarde. De hecho, tenían poca idea de lo que era el plan de Dios o de cuál sería su participación en esos planes. Cuando el hombre y la mujer entran en el pacto del matrimonio, su deseo de participar en los propósitos de Dios para ellos se expresa honestamente, pero su entendimiento de lo que ello significa está muy incompleto. Son forasteros en una nación extranjera, como lo fue Abraham (Hebreos 11:9). También, como con Abraham, Dios tiene planes increíbles para ellos y para su relación si se mantienen fieles y obedientes. Cuando Dios hace un pacto, El es consistente e increíblemente bueno con aquellos quienes le temen para que "no se aparten" de Él. Dios declara, "Y haré con ellos pacto eterno, que no me volveré atrás de hacerles bien, y pondré mi temor en el corazón de ellos, para que no se aparten de mí" (Jeremías 32:40). De esa misma manera es en el pacto del matrimonio ejemplar.

PACTO DE AMOR

Las promesas de los pactos que Dios hizo con Noé y con Abraham alcanzan a sus descendientes para siempre. Hoy en día Él no es menos capaz o está menos dispuesto a bendecir a los descendientes de aquellos quienes le honran con amor y con obediencia fiel. El amor y el señorío son los motivadores principales en el matrimonio ejemplar. Cuando estos se encuentran consistentemente presentes, el pacto entre Dios, el hombre, y la mujer florece y es capacitado para cumplir los propósitos para los cuales fue creado. En este tipo de matrimonio, los hijos son criados en un hogar donde se experimenta el amor de Dios y sus verdades son veneradas. Cuando el pacto del matrimonio es verdaderamente honrado, Dios extiende su pacto de amor hasta mil generaciones. Deuteronomio 7:9 declara, "Conoce, pues, que Jehová tu Dios es Dios, Dios fiel, que guarda el pacto y la misericordia a los que le aman y guardan sus mandamientos, hasta mil generaciones". A través de un matrimonio ejemplar, tus hijos y los hijos de tus hijos serán bendecidos abundantemente.

PACTO DE PAZ

Otro aspecto del pacto que Dios establece con nosotros es paz. Linda y yo hemos disfrutado un pacto de paz el uno con el otro y con Dios desde el primer día de nuestro matrimonio. Cuando amigos visitan nuestra casa por primera vez, comúnmente comentan que siente un ambiente tranquilizante de paz. En una ocasión pensé que esto era una cualidad física o espiritual del lugar donde vivimos, pero ahora creo que lo que ellos están experimentando es el pacto de paz dado a nosotros por Dios por haber honrado su deseo hacía nosotros en nuestro matrimonio de pacto. Isaías profetizó "Porque los montes se moverán, y los collados temblarán, pero no se apartará de ti mi misericordia, ni el *pacto de mi paz* se quebrantará, dijo Jehová, el que tiene misericordia de ti" (54:10, el énfasis es mío). Y Dios continúa diciendo a través de Ezequiel, "Y estableceré con ellos *pacto de paz*, y quitaré de la tierra las fieras; y habitarán en el desierto con seguridad, y dormirán en los bosques" (34:25, el énfasis es mío).

Jesús dice en Mateo 18:20, "Porque donde están dos o tres congregados en mi nombre, allí estoy yo en medio de ellos". Jesús es el "Príncipe de Paz" (Isaías 9:6), y si Él está con nosotros dos mientras vivimos juntos en santo matrimonio, entonces "la paz de Dios, que sobrepasa todo entendimiento" (Filipenses 4:7) será identificada por aquellos que nos conocen. Tal como el símbolo de Dios para Noé fue el arcoíris, y para Abraham fue la circuncisión, yo creo que la profunda paz entre y alrededor de una pareja casada es el símbolo que Dios muestra al mundo por esa unidad que Él mismo nos ha ordenado. Porque ambos han recibido al Espíritu Santo en el momento de la salvación, los cónyuges en el matrimonio ejemplar son totalmente capaces de "guardar la unidad del Espíritu en el vínculo de la paz" (Efesios 4:3).

Sacrificio

Cumplir los requisitos de amor, honor y pacto en el matrimonio ejemplar normalmente requiere de un sacrificio verdadero, el cual es la cuarta característica de un matrimonio ejemplar. Aunque los detalles específicos del sacrificio requerido varía para las diferentes parejas, un rendimiento apropiado de los deseos y planes personales es necesario en cada relación matrimonial. El rendir los deseos individuales para satisfacer las necesidades del otro es una acción basada en el desinterés del amor ágape.

En el contexto del matrimonio, Pablo recuerda a los maridos y a las esposas a "Someteos unos a otros en el temor de Dios" (Efesios 5:21). Dios espera que demostremos una sumisión mutua al tratar con otros dentro de la novia de Cristo. El respeto sacrificial a los deseos del cónyuge de manera regular es indispensable para el desarrollo del amor, la confianza y el respeto entre los cónyuges. En nuestro matrimonio, Linda y yo procuramos no hacer nada por ambición egoísta o vanidad, sino en humildad considerar al otro como mejor que uno mismo (Filipenses 2:3). Aunque los actos sacrificiales hacia otra persona nunca son fáciles, pueden ser alegres y gratificantes cuando son llevados a cabo como una expresión de amor verdadero.

Algunos de los sacrificios más difíciles que hemos tenido que hacer en nuestro matrimonio han sido relacionados con la congregación en la iglesia. Linda y yo crecimos en tradiciones denominacionales bastante diferentes. Aunque ambos sabíamos lo que se nos había enseñado, a menudo resultada difícil explicar el por qué esas enseñanzas tenían un significado tan especial para nosotros. No es de extrañar que las creencias a las cuales nos aferrábamos tan tenazmente no siempre tuvieran un respaldo bíblico. Antes de casarnos pasamos muchísimas horas platicando, orando, batallando y llorando hasta que llegamos a un acuerdo en nuestro entendimiento de lo que pensábamos eran los puntos vitales y no negociables de la fe en Dios.

Cuando Linda y yo recién nos casamos decidimos que sería mejor para ambos si planeábamos asistir siempre a la misma iglesia juntos. Consideramos que el escoger una iglesia a la cual asistir era un punto negociable, creyendo que eventualmente Dios nos dirigiría a la congregación que sería el mejor lugar para ambos. Inicialmente decidimos asistir a la denominación en la cual yo había crecido. Al aceptar esta decisión, Linda escogió sacrificar cosas que eran de gran valor en su corazón – como su estilo preferido de adoración. Ella hizo esto como una muestra de amor hacia mí. Durante los siguientes años, Linda permitió pacientemente que Dios transformara mi manera de relacionarme tanto con Él como con ella. Nuestro pacto de paz le permitió permanecer contenta hasta que Dios nos llevó como pareja a nuestra siguiente congregación.

El deseo de mi corazón gradualmente se convirtió en conocer a Dios, en lugar de solamente saber de Dios. Como otros han dicho, yo quería familiarizarme con el Dios de los Hechos, no solamente familiarizarme con los hechos de Dios. Después de once años de matrimonio yo me di cuenta de que, aunque yo sabía mucha verdad, mi conocimiento no me había llevado a la libertad (Juan 8:32). Fue claro para mí que no podía encontrar la libertad excepto donde estuviera el Espíritu del Señor (2 Corintios 3:17). Después de una breve búsqueda, fuimos dirigidos a una iglesia que se enfocaba en la búsqueda de la intimidad en la relación espiritual con Dios.

Linda había sometido de manera sacrificial sus deseos a los míos por nueve años. Ambos sacrificamos muchas cosas en nuestra transición a una congregación diferente. Mis padres no entendían ni las razones del cambio, ni tampoco aprobaban la iglesia a la cual nos movimos. Y para complicar las cosas, aún teníamos amigos cercanos y muy queridos en la iglesia que estábamos dejando. La mayoría fue muy amable con nosotros, pero el dolor era evidente en sus rostros y se sentía fuertemente en nuestros corazones al marcharnos. Sin embargo, como siempre sucede, el sacrificio como respuesta al llamado de Dios produce una cosecha abundante. A través de sumisión mutua y sacrificio en conjunto, nuestra relación con Dios, nuestro matrimonio y nuestros hijos fueron bendecidos a través de esta transición esencial.

Un acto de sacrificio hacia tu cónyuge en el matrimonio demuestra una disposición a morir a sí mismo y a dar tu vida por tu amigo más querido en la tierra. Es una respuesta llena de amor ágape que nos recuerda el mayor sacrificio de Jesús en la cruz. En referencia al acto más grande de todos, Jesús dijo, "Nadie tiene mayor amor que este, que uno ponga su vida por sus amigos" (Juan 15:13). Este acto de sumisión habla de honor y respeto, los cuales se pueden comprender fácilmente y fortalece el pacto de tres partes dentro de la relación. Claramente demuestra al mundo que el matrimonio que involucra a dos personas comprometidas a amar y servir a Dios es verdaderamente ejemplar.

RESUMEN

Hemos explorado rápidamente los primeros cuatro tipos de relaciones matrimoniales. El matrimonio amargo está arraigado en formas malas y peligrosas de tratar el uno al otro en una relación íntima. Aunque es débil e impredecible, el matrimonio tolerable muestra signos de vida, esperanza, y un deseo mayor de que sobreviva el matrimonio. El matrimonio funcional es visto como satisfactorio cuando se juzga con estándares terrenales. Es estable y cómodo para los cónyuges, pero su potencial es limitado porque está cimentado en la sabiduría y el entendimiento del hombre.

El matrimonio ejemplar sobrepasa los otros tres tipos, porque se compone únicamente por cónyuges que tienen tanto el conocimiento del plan de Dios para las relaciones como un deseo verdadero de seguirle como Señor de sus vidas. Este tipo de matrimonio es extremadamente agradable para ambos cónyuges y una bendición para s familia. Dentro de este tipo de matrimonio puede haber gran placer al experimentar cada aspecto del terreno seguro del pacto del matrimonio. Sin embargo, el peligro real persiste aun en matrimonios que son sorprendentemente buenos.

Un matrimonio ejemplar puede ser tan agradable que los cónyuges se quedan satisfechos con su situación presente. La satisfacción puede llevar a la complacencia, la cual es el principal enemigo del crecimiento espiritual y matrimonial. Sin importar que tan bueno pueda ser un matrimonio, no debemos asumir que eso es todo lo que Dios tiene para nosotros en nuestra relación matrimonial. No debemos dejar de pedir más de lo que Dios tiene para nosotros, pues Él da "buenas cosas a los que le pidan" (Mateo 7:11). Linda y yo continuamos pidiendo, llamando y buscando diariamente esas buenas cosas. Nos hemos sorprendido y maravillado con las respuestas de Dios al nosotros buscar primeramente su Reino (Mateo 6:33).

El matrimonio centrado en Dios y ejemplar de dos creyentes fieles y obedientes es tan bueno como uno pudiera esperar hasta que el Espíritu Santo agrega lo inesperado – el ámbito de lo sobrenatural. Ahora nos movemos al ámbito de lo impredecible y asombroso del matrimonio sobrenatural para poder definir lo que es y reconocer las bendiciones que provee a aquellos involucrados.

Capítulo Once

ESTILOS MATRIMONIALES: MATRIMONIO SOBRENATURAL

Cuando lo sobrenatural invade el mundo natural, el resultado es siempre milagroso. El milagro de la salvación espera a aquellos que están perdidos. Los enfermos tienen la oportunidad de recibir la bendición de una sanidad milagrosa cuando el reino sobrenatural invade nuestro mundo natural. De la misma manera, los cónyuges involucrados en cualquier tipo de relación matrimonial pueden tener una vida transformada a través del milagro del matrimonio sobrenatural. Aun un matrimonio excepcional puede ser impulsado a nuevos niveles de intimidad, gozo y productividad a través de una conexión consistente con la dimensión sobrenatural de Dios.

La palabra "sobre" significa estar por encima de, sobre, o más allá. El dimensión sobrenatural está, literalmente, por encima o más allá del ámbito natural. Libera nuestros cuerpos y almas naturales a participar en las cosas que están más allá de lo que normalmente consideramos posible. El matrimonio, tal como fue creado por Dios, es increíblemente agradable y bueno. La presencia sobrenatural del Espíritu Santo en un matrimonio permite recibir todos los beneficios de esta parte tan importante de nuestras vidas. Nuestros sueños, que de otro modo serían inimaginables, y nuestras metas inalcanzables se tornan disponibles cuando Dios vive en el centro de nuestra relación de pareja. Su presencia sobrenatural nos da acceso a la gloria y el poder que existen en la sala del trono de los cielos.

DOS FACTORES DEBEN ESTAR PRESENTES: INTIMIDAD Y SEÑORÍO

Como ya vimos en un capítulo anterior, cuando le preguntaron a Jesús cuál era el más grande mandamiento, Él respondió con no una, sino con dos respuestas. Dijo que el mayor mandamiento es amar a Dios en primer lugar, y en segundo lugar, amar a nuestro prójimo como a nosotros mismos (Mateo 22:34-40). De igual manera, el matrimonio sobrenatural requiere dos realidades para que exista en la manera en que Dios lo diseñó. No puede comenzar y no puede continuar cuando sólo una de las dos está presente. Intimidad, la presencia bienvenida del Espíritu Santo, es la primer característica esencial que define el matrimonio sobrenatural. "Dios es Espíritu" (Juan 4:24), y nuestra única conexión directa con Él es de espíritu a Espíritu en la dimensión sobrenatural. No tenemos otra forma de participar de manera efectiva en esta dimensión sin Su Espíritu en nosotros, guiándonos y dándonos poder para alcanzar sus propósitos en la tierra. Emmanuel significa literalmente "Dios con nosotros" (Mateo 1:23). Ciertamente, el matrimonio sobrenatural requiere que "Emmanuel" sea una realidad en la relación matrimonial. Sin embargo, existen más cosas necesarias para que el matrimonio sobrenatural pueda existir.

La segunda característica necesaria para tener un matrimonio sobrenatural es la sumisión constante de ambos a Jesús como Señor. Este señorío se demuestra a través del tiempo por medio de la obediencia y fidelidad en el cumplimiento de las expectaciones y mandamientos de Dios. Como lo es expresado en la parábola de los talentos, nuestra fidelidad a Dios y a Sus caminos le agrada. Por haber sido fiel a su amo mientras él estuvo lejos, el amo le dijo al siervo, "Bien, buen siervo y fiel; sobre poco has sido fiel, sobre mucho te pondré; entra en el gozo de tu señor" (Mateo 25:21). Luego Jesús confirma esto al final de la parábola al decir: "Porque al que tiene, le será dado, y tendrá más" (Mateo 25:29).

A Dios le agrada dar a sus hijos obedientes más y más, hasta que sus vidas disfruten de sobreabundancia. Sucede lo mismo con el matrimonio sobrenatural. Mientras seamos fieles a Dios y a Sus caminos en nuestros matrimonios, Él desea darnos más y más hasta que nuestras vidas y matrimonios estén sobreabundando en Sus bendiciones y Su presencia.

Cualquiera de los dos, señorío o intimidad con el Espíritu Santo, puede estar presente primero. Lo segundo puede ser añadido después. Cuál viene primero no es crucial, pero ambos deben coexistir para que el matrimonio sea lo que Dios quiere que sea. Sin importar cual característica sea la primera, añadir la segunda permite que el matrimonio alcance su destino final. Esto es muy similar a la condición biológica conocida como simbiosis.

La simbiosis ocurre cuando dos organismos diferentes se unen para crear una forma de vida que es mucho más productiva y resistente que los dos organismos por sí solos. Ambos organismos se benefician de una relación íntima el uno con el otro. Un ejemplo de esto es el liquen, creado a partir de la combinación simbiótica de algas y hongos. Los hongos obtienen agua y minerales, utilizándolos para formar una barrera protectora alrededor de las algas. Las algas usan la fotosíntesis para producir comida para ambos organismos. Aunque ninguno puede sobrevivir por mucho tiempo por sí solo, juntos establecen un matri-monio mutualista que les da fuerzas para resistir condiciones duras y difíciles, pero esto solo se consigue a medida que trabajan juntos.

De cierta forma el matrimonio sobrenatural es similar a la simbiosis. Por un lado, los cónyuges que se enfocan únicamente en el señorío honran a Dios, pero les hacen falta los dones y el poder necesarios para funcionar a un nivel sobrenatural en el Reino de Dios. Por el otro lado, quienes se enfocan únicamente en la conexión espiritual con Dios a menudo les falta demostrar una obediencia consistente a Dios y a lo que Él requiere de ellos. Esto paraliza su eficacia en el ministerio y daña la integridad de la novia de Cristo.

Sólo cuando ambos están presentes al mismo tiempo se produce una simbiosis espiritual. Llevar el señorío y la intimidad espiritual juntos en un matrimonio crea un nuevo tipo de relación conyugal, que es increíblemente fuerte, saludable, efectiva y llena de vida. Los dones son abundantes, el poder sobrenatural está disponible, el Reino de Dios es expandido, y gran gloria es dada al Rey.

INSATISFECHO

En nuestra experiencia personal, la transición al matrimonio sobrenatural comenzó con la cuestión de quién era Señor de nuestra vida. Creo que éste es el patrón más común para aquellos que buscan un matrimonio en la dimensión sobrenatural. Como compartí anteriormente, Dios no me permitió conocer a Linda siquiera, hasta que yo había confesado sinceramente mi deseo interno de que Jesús fuera mi Señor y lo había establecido firmemente en mi corazón. Linda había tenido una conexión firme con Dios por muchos años antes de nuestro primer encuentro en esa biblioteca. El señorío ya era una parte integral establecida en su vida.

A través del cortejo y veinticinco años de matrimonio, nuestro compromiso de honrar y obedecer los deseos de Dios siguió aumentando. Aún había áreas de desobediencia que tuvieron que ser descubiertas y destruidas. Dios siempre es fiel en revelar lo que no proviene de Él si realmente deseamos saberlo - Él anhela que nosotros cambiemos mucho más de lo que nosotros deseamos cambiar. Poco a poco fuimos reconociendo la bondad gloriosa de Dios y la belleza y sabiduría de Su plan. Nos volvimos más conscientes de Su deseo de que le sirvamos juntos como una carne, así como también de su habilidad de cambiar la forma en que nos relacionamos el uno con el otro y la forma en que nos relacionamos con Él. En todos los sentidos que podíamos comprender en aquel momento, Jesús se había convertido en Señor de nuestras vidas y nuestro matrimonio.

Para nuestro aniversario de plata teníamos ya un matrimonio ejemplar. Reconocíamos que la vida con Dios era bastante buena. Sin embargo, un impulso silencioso en ambos nos llevó a no estar plenamente satisfechos con lo que teníamos. Linda y yo disfrutábamos de una unidad maravillosa e íntima, pero reconocíamos que aún nos faltaba algo sumamente importante en nuestra relación personal y como pareja con Dios. No queríamos sentirnos cómodos con lo que teníamos porque de alguna manera sabíamos que aún no estábamos caminando en lo mejor que Dios tenía para nosotros.

Sin saber a dónde ir, clamamos a Dios para que llenara ese vacío que aún había en nuestras vidas y en nuestro matrimonio. Le expresamos nuestro amor, nuestro deseo de serle fieles, y de nuestro deseo de recibir todo lo que hubiera disponible para aquellos que le creen. Verbalmente expresamos a Dios, a nuestros amigos y a nuestros familiares nuestro compromiso de "buscarlo hasta alcanzarlo" durante la segunda parte de nuestras vidas. Ambos teníamos la intención de rendir a Dios todo lo que teníamos. Creo que verbalizar los compromisos espirituales, tanto a Dios como a quienes conocemos, añade fuerza a esos compromisos. Las declaraciones desatan el destino de nuestros pensamientos internos, revelando nuestras intenciones y expresando nuestra autoridad en las dimensiones natural y sobrenatural. La palabra hablada es poderosa y efectiva. Nosotros vencemos a Satanás no solo "por medio de la sangre del Cordero", sino también por "la palabra [de nuestro] testimonio" (Apocalipsis 12:11), y ese testimonio debe ser expresado audiblemente.

EL PUNTO SIN RETORNO

El proceso de crecimiento en una conexión sobrenatural con Dios puede ser comparado con la analogía de la forma en que un avión despega en un aeropuerto – como piloto privado por veinte años, estoy sumamente familiarizado con este proceso. Al inicio de la pista, el piloto prepara los motores a toda marcha y comienza una aceleración gradual hasta alcanzar la velocidad de vuelo. Más adelante en la pista existe un punto donde el piloto debe decidir abortar el despegue o llevar el avión y sus pasajeros a volar. Una vez que pasan de este punto, el avión tiene que despegar. Ya no es seguro quedarse en tierra o detenerse antes de que la pista se termine. Sólo unos segundos después de pasar por este punto sin retorno el avión se eleva en vuelo. Finalmente experimenta el vuelo, el mismo propósito por el cual fue diseñado y construido.

Muchos creyentes, como Linda y yo, pasan años de su vida anhelando volar con Dios pero sin saber cómo hacerlo. Avanzan increíblemente mientras aceleran en la pista de su vida, pero nunca alcanzan la velocidad suficiente para despegar. En cierto momento de nuestras vidas debemos alcanzar el punto donde una decisión con significado eterno tiene que ser tomada, ya sea de acelerar y despegar, o de titubear, desacelerar y eventualmente abortar el intento de alcanzar aquello para lo cual fuimos creados.

Nuestro destino es "[levantar] alas como las águilas" (Isaías 40:31). Volar con Dios en la dimensión sobrenatural es una experiencia impresionante que expande nuestra capacidad de participar en Su Reino glorioso. Sin embargo, no debemos despreciar el tiempo que invertimos, antes del vuelo, acelerando en nuestra relación con Él. Antes de esta promesa de vuelo, Isaías nos recuerda que es solo para "los que esperan a Jehová" quienes "tendrán nuevas fuerzas". Son aquellos que esperan a Dios quienes "levantarán alas como las águilas" (Isaías 40:31 RV1960). Este tiempo de espera es vitalmente importante para nuestro vuelo. En mi vida, éstos fueron los años que Dios utilizó para hacer crecer mi fe y hacerme madurar en mi entendimiento de Él y Sus caminos. Fueron los años donde Dios se estableció como Señor de todo.

El compromiso que hicimos y que compartimos con aquellos que amamos fue, para nosotros, nuestro punto sin retorno. Nos obligamos a darle al Espíritu Santo el acceso a cada parte de nuestro ser. Si íbamos a volar con Dios, Jesús tenía que ser Señor de cada aspecto de nuestras vidas. Este señorío abarca no solo nuestro espíritu y alma, sino también nuestro cuerpo. Él es Señor de todo y todo lo que somos debe estar sometido a Él.

Después de este compromiso, las cosas comenzaron a suceder a un paso increíble. Poco tiempo después de nuestro compromiso, Dios sopló el viento de Su Espíritu debajo de nuestras alas. Por primera vez en nuestra vida pudimos volar sin tener que esforzarnos. Al mismo tiempo, experimentar la increíble, y a veces tangible, presencia de Dios, nos llenaba de tanta alegría y vida, que nos hizo desearle aun más. Una vez que estuvimos en el aire, nuestra meta se convirtió en alcanzar nuestro destino sobrenatural.

Nuestra transición la dimensión sobrenatural comenzó cuando asistimos al congreso *Texas Ablaze (Texas en llamas)*. Durante esta serie de conferencias, muchos de los encuentros que Linda y yo experimentamos con el Espíritu Santo ocurrieron simultáneamente. Era claro para ambos que Dios se estaba comunicando con nosotros como con una sola carne, no solo como individuos. Lo que Dios estaba tratando de decirnos era que Él estaba hablando a *nosotros*, como equipo y como cónyuges. Siempre habíamos valorado el ser uno en nuestra relación matrimonial aun antes de esta conferencia. Pero ese día Dios colocó un signo de exclamación en la importancia de la unidad mientras que amorosamente arregló todo para que le experimentáramos a Él en unísono.

Por años nuestro deseo principal en la vida había sido establecer a Jesús como Señor de manera individual y colectivamente. Pero ese día fue único y transformador. Fue eternamente significativo. Como una sola carne, Dios nos había tocado tangiblemente – espíritu, alma y cuerpo – con Su Espíritu. Para Linda y para mí, este fue el punto de transición hacia el matrimonio sobrenatural.

MATRIMONIO SOBRENATURAL: EL CAMINO MÁS EXCELENTE

Yo estaba con Linda el día en que ella escuchó "¡lo santo es divertido!" mientras nadábamos en la alberca. Al estar nadando junto a ella ese día, yo le pedía a Dios que me revelara lo que había de hablar esa noche respecto al tema del matrimonio sobrenatural. Lo que escuché fue: "Los principios, preceptos, y rendimiento de un matrimonio ejemplar se convierten en presencia, pasión y poder en un matrimonio sobrenatural". ¡Qué experiencia tan increíble para ambos cuando, una vez más como una sola carne, pudimos escuchar la sabiduría de Dios y lo que Él quería que habláramos en la conferencia de esa noche!

El matrimonio sobrenatural no es un evento que sucede solo una vez. Es un estilo de vida. Dentro de él nos relacionamos el uno con el otro, y con Dios, de formas que son dirigidas más por el Espíritu Santo y menos por el entendimiento humano. La transición a la dimensión sobrenatural puede ser intimidador para muchos de nosotros. También puede ser confuso e interrumpir planes hechos previamente. Sin embargo, bien valen la pena las luchas que experimentamos en el camino para obtener los resultados del cambio.

PRINCIPIOS, PRECEPTOS Y DESEMPEÑO DE UN
MATRIMONIO EJEMPLAR

El matrimonio que existe principalmente dentro del ámbito natural puede ser satisfactorio y bueno. Puede ser funcional si se conforma a las enseñanzas del hombre y llegará a ser verdaderamente ejemplar cuando es estructurado de acuerdo a la Palabra de Dios escrita. Se requiere de *desempeño* para seguir los *preceptos* de Dios y aplicar Sus *principios*. Aun quienes no son creyentes y tratan de vivir sus vidas de acuerdo a las enseñanzas de Dios, serán bendecidos simplemente por seguir lo que dicen las Escrituras.

Al usar la palabra *principios*, me refiero a los conceptos primordiales expresados en la Biblia de cómo relacionarnos con otros de manera efectiva y exitosa. Estos incluyen instrucciones sólidas y valiosas como, "Todas las cosas que queráis que los hombres hagan con vosotros, así también haced vosotros con ellos" (Mateo 7:12); "Vuestra gentileza sea conocida de todos los hombres" (Filipenses 4:5); "Amar al prójimo como a uno mismo, es más que todos los holocaustos y sacrificios" (Marcos 12:33), y "Fieles son las heridas del que ama" (Proverbios 27:6). Estos principios, aunque útiles en cualquier tipo de relación, son deliberadamente aplicables a la asociación cercana y duradera del matrimonio.

David los describió así:

"La ley de Jehová es perfecta, que convierte el alma;
El testimonio de Jehová es fiel, que hace sabio al sencillo.
Los mandamientos de Jehová son rectos, que alegran el corazón;
El precepto de Jehová es puro, que alumbra los ojos.
El temor de Jehová es limpio, que permanece para siempre;
Los juicios de Jehová son verdad, todos justos.
Deseables son más que el oro, y más que mucho oro afinado;
Y dulces más que miel, y que la que destila del panal.
Tu siervo es además amonestado con ellos;
En guardarlos hay grande galardón" (Salmo 19:7-11).

Los preceptos de Dios establecen las maneras correctas en que debemos responder a las circunstancias que experimentamos en la vida. Con esta palabra incluyo palabras similares: ley, estatutos, mandatos, ordenanzas. En el Salmo 19 éstas son descritas como perfectas, fieles, rectas y puras – son más deseables que el oro y más dulces que la miel.

Aunque el mundo ve las leyes de Dios como limitaciones innecesarias e imponentes, nos liberan para disfrutar una vida abundante al proveernos de límites dentro de los cuales podemos vivir de forma segura. Obedecerlas nos da la estructura necesaria para que podamos cumplir con nuestro destino. Una vida conforme a Dios es un prerrequisito absoluto para tener un matrimonio pacífico y satisfactorio.

Podemos intentar agradar a Dios al comportarnos de una manera que concuerda con nuestro entendimiento humano de Sus principios y preceptos. Sin embargo, los logros producidos por nuestro propio desempeño honrarán a Dios en su totalidad únicamente cuando han sido iniciados por el Espíritu de sabiduría y obtenidos por el Espíritu de poder (Isaías 11:2).

Cumplir los deberes bíblicos de un esposo o esposa estrictamente dentro del ámbito natural puede llevar a una relación marital ejemplar. Sin embargo, los miembros de este matrimonio jamás serán capaces de experimentar la unidad en su totalidad pues requiere una conexión sobrenatural, ni tampoco podrán alcanzar todos los propósitos eternos para los cuales su relación fue establecida.

Cumplir el plan divino que Dios tiene para el matrimonio requiere de capacidades más allá de las limitaciones del ámbito natural. Para alcanzar el destino del matrimonio en su totalidad, primero necesitamos recibir los dones disponibles de manera sobrenatural a través del poder y la voluntad de Dios. Necesitamos la presencia, pasión y poder de Dios si es que queremos tener un matrimonio sobrenatural.

PRESENCIA, PASIÓN, Y PODER DEL MATRIMONIO SOBRENATURAL

La *presencia* constante del Espíritu Santo en nosotros nos da la comprensión sobrenatural de los principios eternos e inmutables de Dios. En lugar de que estos principios sean conceptos elevados que intentamos comprender con nuestras mentes, se convierten en patrones establecidos en nuestro corazón que nos llevan a vivir de manera que honra a Dios. El Espíritu nos muestra las necesidades más íntimas de nuestro cónyuge y nos revela la mejor forma de bendecirle. A través de la presencia gloriosa de Dios en nosotros, Su sabiduría multiforme nos será revelada al manifestarse en, y a través de, nuestro matrimonio. La presencia de Dios en el hombre es el requisito primordial para alcanzar todo lo que deseamos en Su dimensión sobrenatural.

El amor de Dios por nosotros está repleto de *pasión*. Al depositar Su amor en nuestros corazones a través del Espíritu Santo (Romanos 5:5), Dios también deposita su pasión en nuestras vidas. Podemos ver esta pasión reflejada repetidamente en las vidas de hombres y mujeres conectados con Dios desde los tiempos bíblicos y en los dos mil años desde que Jesús estuvo físicamente presente en la tierra.

La pasión nos lleva a buscar sin cesar lo que consideramos importante. Cuando somos guiados por el Espíritu de Dios, reconocemos el significado presente y eterno de nuestras relaciones más cercanas. Los sentimientos entre cónyuges, el deseo físico de estar juntos, y las demostraciones de afecto del uno hacia el otro, serán marcados con pasión intensa cuando Dios está constantemente en el centro de su unión. El simple hecho de obedecer los mandatos de Dios es bueno, pero es mucho más agradable cuando somos motivados por la pasión. En el matrimonio sobrenatural no obedecemos el mandato de Dios de amar a nuestro cónyuge por imposición u obligación. La presencia del amor de Dios morando en nosotros nos motiva a demostrar de manera apasionada el amor que tenemos por la persona con quien somos una sola carne. De pronto, en el matrimonio sobrenatural, nuestra obligación se convierte en un placer.

Con la presencia de Dios también viene Su *poder*. Una pareja cuyo matrimonio ha entrado en la esfera de lo sobrenatural no solo experimenta unidad dentro de la relación, sino que también se vuelven uno en espíritu con Dios. Esta unidad con Dios descrita en

Juan 17:21[4] no solo es para el creyente individual. Creo que también se aplica a aquellos unidos en matrimonio así como a la novia de Cristo como un todo. Cuando estamos en verdadera unidad con Dios, Su poder puede y será demostrado en nuestras vidas.

En el matrimonio sobrenatural, el poder de Dios se manifiesta de diferentes maneras. El poder glorioso de Dios puede ser sentido literalmente en nuestros cuerpos carnales. En ocasiones, suficiente poder entra a nuestros cuerpos para que éstos pierdan el control y sus funciones normales. Ruth Ward Heflin describe este resultado como "cayendo en grandeza"[5]. Cuando el Espíritu de Jesús está en nosotros, poseemos una pequeña porción de Su Espíritu de poder descrito en Isaías 11:2. Este poder puede ser compartido con tu cónyuge y con otros a través de la impartición por la imposición de manos[6]. Los matrimonios que ministran juntos pueden utilizar el poder de Dios guiados por el Espíritu de Dios para lograr cosas milagrosas para Su gloria en las áreas de sanidad, liberación, señales y prodigios.

NUEVOS NIVELES Y MAYOR SATISFACCIÓN

Como estudiante de química, en la universidad aprendí acerca de la estructura y el funcionamiento de los átomos. Los electrones orbitan alrededor del núcleo de cada átomo a una velocidad cercana a la velocidad de la luz, formando unos escudos de energía. Dentro de los escudos hay niveles caracterizados por grados mayores y menores

---

[4] Jesús oró: "para que todos sean uno; como tú, oh Padre, en mí, y yo en ti, que también ellos sean uno en nosotros; para que el mundo crea que tú me enviaste" (Juan 17:21).

[5] Ruth Ward Heflin, *River Glory*, (Hagerstown, MD: McDougal Publishing, 1999), 133. La anotación completa es: Si las personas pudieran darse cuenta de que cuando están en el Espíritu están cayendo en grandeza, seguramente caerían más seguido."

[6] Vea Hebreos 6:1-3; Números 11:16-18; Deuteronomio 34:9; 1 Timoteo 4:14, 5:22; Marcos 6:5, 8:23-25; Lucas 4:40, 13:13-14; Hechos 8:14-17, 19:6-7; Romanos 1:11-12.

de energía. Al aplicar un quantum de energía al átomo, un electrón es transferido a un nivel más alto de energía. Este cambio abrupto es conocido como un salto cuántico. La capacidad del átomo de interactuar con sus alrededores es mejorada a través de ese salto cuántico causado por la añadidura de energía pura.

Cuando recibimos un incremento de la presencia del Espíritu de Dios en nuestras vidas, es como si una porción diminuta de Su poder fuera depositada en la sustancia de nuestro ser. Esto es similar a un quantum de energía que es añadido al electrón de un átomo. La energía espiritual dentro de nosotros se incrementa dramáticamente, y nuestra habilidad de lograr cosas increíbles también aumenta. Cuando se agrega a éstas poder que viene de Dios a través de una conexión con el Espíritu Santo, da lugar a un salto cuántico en nuestra habilidad de cumplir la voluntad de Dios para nuestras vidas diarias. Su poder lleva nuestras vidas y matrimonios a un nuevo nivel de eficiencia, satisfacción y unidad que antes eran imposibles de alcanzar.

RESUMEN

Otra buena analogía viene de los instrumentos láser que utilizo en mi trabajo como oftalmólogo. La luz natural está compuesta de ondas de luz desorganizadas que se dispersan rápidamente y que tienen un poder muy limitado. Este tipo de luz es conocido como incoherente

Luz incoherente   Luz coherente

por su falta de un patrón y organización. Lo que hace que una luz de láser sea especial es que es coherente, que significa que las ondas de luz están organizadas con los puntos más altos de las ondas en un mismo lugar al mismo tiempo. Este enfoque estrictamente controlado de la luz es lo que la hace poderosa y efectiva. Los procedimientos quirúrgicos como la cirugía LASIK nos demuestran cómo un láser puede lograr cosas que antes eran inimaginables hasta que aprendimos cómo producir luz coherente.

Cuando la presencia, pasión y poder del Espíritu de Dios son añadidos a la luz del matrimonio ejemplar, se convierte en la luz láser de matrimonio sobrenatural. Cuando los cónyuges aprenden a responder de manera obediente a las ondas del Espíritu Santo, pueden funcionar juntos con enfoque, coherencia y gran poder. En la dimensión sobrenatural los cónyuges puede lograr cosas que antes ni siquiera hubieran soñado posible.

Cuando aceptamos la presencia sobrenatural de Dios y permitimos que su poder sea activado dentro de nosotros, ocurre un incremento increíble en nuestra capacidad, individual y como matrimonio, de cumplir metas que serán eternamente significativas. También somos capacitados sobrenaturalmente para relacionarnos con nuestro cónyuge en una forma diferente y más efectiva que antes. El propósito de todo es poder dar honor y gloria a Dios.

Hemos visto lo que el matrimonio sobrenatural es, y cómo tanto la intimidad con el Espíritu Santo como el que Jesús sea el Señor de nuestras vidas deben estar presentes para poder tener un matrimonio sobrenatural. Si esperamos vivir de y en la dimensión sobrenatural, debemos aprender a estar conectados a la Fuente la dimensión sobrenatural, que es Dios. Y debemos aprender a obedecer lo que Él nos manda a hacer.

Dios anhela movernos de la pesadez de obedecer sus mandatos por obligación a la libertad de disfrutar Su presencia, pasión y poder. Al experimentar a Dios en un nivel sobrenatural podremos relacionarnos con nuestro cónyuge en un nivel sobrenatural. Veamos ahora los efectos que experimentaremos al vivir en un matrimonio sobrenatural si insistimos que Dios nos muestre lo que Él quiere que hagamos.

Capítulo Doce

LOS EFECTOS DEL MATRIMONIO SOBRENATURAL

omo matrimonio, nuestra entrada a la dimensión sobrenatural nos ha permitido experimentar muchas cosas más allá de los límites de lo que suponíamos era posible. Cuando fuimos bautizados en el río del Espíritu Santo, nuestra perspectiva de las cosas temporales y eternas cambió. Como muchos antes que nosotros, hemos aprendido y continuamente recordamos que con Dios todas las cosas son verdaderamente posibles (Mateo 19:26).

Linda y yo hemos sido transformados no menos que el cojo que sanó Pedro a la puerta del templo llamado La Hermosa (Hechos 3:1-10). Lo que tengo te lo doy al compartir nuestras experiencias sobrenaturales, las cuales nos han asombrado, bendecido y animado en nuestro matrimonio y ministerio. Estos son algunos de los efectos del matrimonio sobrenatural con los cuales Linda y yo hemos sido bendecidos desde que recibimos esta revelación de lo que es posible con Dios en el matrimonio.

Ministerio sobrenatural

El día que regresamos a casa luego de asistir al Congreso *Texas Ablaze* en Dallas, nuestro pastor, Bob Beaver, notó el cambio que había ocurrido en nosotros y de inmediato nos pidió que nos involucráramos, como pareja, en el ministerio de sanidad interior y liberación. Esa misma noche pasamos varias horas orando con un hombre que luchaba con ira y falta de perdón. Dos días después hicimos lo mismo con una joven llena de temor y pecado sexual. Teníamos mucho que aprender todavía al comenzar este tipo de ministerio; sin embargo, a pesar de nosotros, la gloria y el amor de Dios hicieron cosas increíbles. En ambas situaciones pudimos ver claramente la libertad que obtuvieron y mantuvieron a través de la liberación del control demoníaco.

De vez en cuando podemos sentir en el espíritu cuando alguno de nosotros está siendo oprimido durante ataques del reino de las tinieblas. Es maravillosamente conveniente que cada uno de nosotros tiene un cónyuge que tiene la autoridad y el poder disponibles a través del Espíritu de Dios. Con unas cuantas declaraciones de la Verdad y un corto tiempo de oración enfocada, somos capaces de detener el ataque del enemigo cuando apenas comienza, antes de que pueda levantar una fortaleza.

Así como el proceso de simbiosis que mencionábamos anteriormente, Linda y yo hemos estado en situaciones donde podemos lograr mucho más cuando trabajamos en equipo que si trabajáramos por separado. Y hemos visto que sucede lo mismo cuando otros comparten sus sueños espirituales con nosotros y nos piden que los interpretemos. Es sorprendente cuan a menudo el Espíritu Santo nos da un entendimiento de diferentes aspectos del sueño. Linda recibirá revelación en cuanto al lugar específico de ciertas piezas del rompecabezas mientras que yo recibo revelación concerniente a otras de las piezas. Cualquiera de nosotros sería útil en descubrir las piezas, pero juntos, podemos resolver el rompecabezas.

Es muy conveniente, cómodo y efectivo ministrar juntos como pareja. Realmente somos uno en la dimensión espiritual. Esta conexión nos permite fluir naturalmente al entrar y salir de confrontaciones espirituales compartidas, como si fuéramos un equipo de lucha de relevos para Dios. Muchas veces somos llamados a ministrar por separado, pero valoramos las veces que nos es posible servir juntos. Un matrimonio marcado por una unidad sobrenatural, donde el esposo, la esposa, y Dios están en unidad, puede lograr cosas maravillosas en el ministerio para la gloria de Dios.

PAZ SOBRENATURAL

Tres semanas después del Congreso, mientras que todavía estábamos dando nuestros primeros pasos juntos en el matrimonio sobrenatural, Linda y yo estábamos manejando en una carretera congelada en Wyoming. Íbamos escuchando una grabación de la conferencia que Bill Johnson dio en el Congreso, en la que compartía sobre la ocasión en que Jesús dormía en el barco en el que iba junto con sus discípulos mientras una tormenta los amenazaba en el Mar de Galilea (Lucas 8:22-25). Aunque los discípulos estaban atemorizados, Jesús mantuvo completa paz en medio de la tormenta. Al reprender y calmar la tormenta Jesús demostró su autoridad – hizo el milagro solo para que los discípulos también pudieran estar en paz. Bill decía que tenemos autoridad en cualquier tormenta de la vida en la cual mantenemos paz sobrenatural.

Momentos después de haber escuchado esta revelación por segunda vez, perdimos repentinamente el control de nuestra camioneta al pasar por un tramo de hielo sobre la carretera. Nos salimos de la carretera y atravesamos el camellón a toda velocidad. Mientras que el vehículo se deslizaba de lado, rodó cuatro veces y media hasta que finalmente se detuvo quedando con el techo hacia abajo.

Sorprendentemente, mientras que ocurría el accidente y nuestros cuerpos eran golpeados violentamente contra el interior de la camioneta, Linda y yo experimentábamos una profunda paz. Anteriormente ese mismo mes en Dallas, ambos habíamos sentido el toque tangible del amor sobrenatural de Dios que había disipado todo temor en nosotros (1 Juan 4:18). Así que estábamos preparados cuando sucedió este incidente. Lo que estaba dentro de nosotros salió automáticamente por causa de la paz que teníamos dentro de nuestros corazones.

Aunque sí quedé lastimado, no fue necesario hospitalizarme. Linda tuvo una cirugía de emergencia en Noche Buena por causa de una rasgadura en su intestino delgado. Pero a pesar de sus heridas, dos veces durante su estadía en el hospital, Linda fue bendecida con visitas angelicales. Otros milagros ocurrieron durante un viaje desafiante al dejar las tormentas de nieve y regresar a nuestro hogar en Texas. A través de todo mantuvimos una paz sobrenatural constante porque Dios nos ha dado autoridad sobre esta tormenta de la vida. Nunca hubiéramos tenido paz en una situación así antes de aprender acerca de vivir juntos en la dimensión sobrenatural. Fue solo porque habíamos crecido en nuestro entendimiento de lo sobrenatural y lo que significa para nuestro matrimonio que pudimos tener esa paz sobrenatural que sobrepasó nuestro entendimiento natural.

PRESENCIA Y MANIFESTACIONES SOBRENATURALES

La siguiente primavera, Amy Beth Beaver, la hija de nuestro pastor, regresó a Texas después de su primer año en la Escuela Bethel de Ministerio Sobrenatural. Linda y yo pasamos dos horas compartiendo con ella lo que todos habíamos aprendido recientemente en cuanto a la intimidad con Dios. Al terminar nuestra conversación le pedimos que orara por nosotros. Cuando comenzó a orar, Amy Beth dio gracias a Dios por las cosas que ella había recibido del Espíritu Santo. Luego puso sus manos en nuestros hombros y de manera muy sencilla le pidió a Dios que nos diera lo mismo que ella había recibido. Fue un tiempo de oración maravilloso y alentador.

Yo no sentí nada fuera de lo común en ese momento, pero Linda respondió casi inmediatamente; su cabeza se echó para atrás y su cuerpo cayó en el sofá junto a mí. Aunque yo estaba un tanto desilusionado por no haber tenido una experiencia tan extraordinaria con la presencia del Espíritu Santo, me encantaba observar a mi esposa respondiendo al toque de Dios. Al dirigirnos a nuestro dormitorio esa noche, Linda y yo hablábamos de cuanto valorábamos pasar tiempo con amigos tan especiales – Amy Beth y el Espíritu Santo.

Acostumbramos orar el uno por el otro cada noche justo antes de irnos a dormir. Orar juntos solía ser incómodo y raro para nosotros, pero después de entrar al matrimonio sobrenatural se ha convertido en nuestro evento diario favorito y siempre estamos expectantes a que llegue el momento de orar cada noche. Esa noche en particular, Linda puso su mano sobre mi pecho mientras oraba, impartiendo sobre mí los dones que había recibido del Espíritu Santo ese día. Mientras ella oraba, mi cuerpo reaccionó con contracciones abdominales muy fuertes y movimientos que decidí no controlar. Podía sentir la santa presencia de Dios dentro de mi cuerpo. No había duda en mi mente que Linda había compartido conmigo la misma experiencia de la gloria de Dios que ella había recibido de Amy Beth.

Me quedé inmóvil sobre la cama por varios minutos, disfrutando de la preciosa paz que solo se puede experimentar en la presencia manifiesta de Dios. Entonces el Espíritu Santo se movió dentro de mí y toqué la frente de Linda con mi mano, invitando al Espíritu Santo a llenarla más y más con su gloria. Oramos de este modo el uno por el otro por un buen tiempo esa noche hasta que nuestros cuerpos estaban casi exhaustos.

Durante las siguientes semanas nos sentimos impulsados casi cada noche a dar y recibir la presencia y percepción del Espíritu Santo de Dios. En ocasiones reconocíamos Su interacción con nosotros como un toque sutil, pero en otras ocasiones llegaba en olas intensas. En pocas ocasiones estas sensaciones de éxtasis vendrían a nosotros sin siquiera requerir una palabra o acción en particular de nuestra parte. Lo que experimentábamos durante este tiempo notable es reminiscente de lo que Charles Finney escribió en su autobiografía hace más de cien años:

> Y mientras cerraba la puerta y me daba la vuelta, mi corazón parecía ser como un líquido dentro de mí. Todos mis sentimientos parecían elevarse y brotar, y lo que mi corazón decía era "quiero derramar mi alma completa a Dios". La elevación de mi alma era tal que yo me apresuraba a regresar a la habitación frente a la oficina, para orar.

> No había fuego, ni luz en la habitación; sin embargo, parecía como si hubiera una luz perfecta. Mientras cerraba la puerta detrás de mí, parecía como si me hubiera encontrado frente al Señor Jesucristo cara a cara. No se me ocurrió en ese entonces, ni tampoco tiempo después, que fuera simplemente un estado mental. Al contrario, me parecía que le veía como vería a cualquier otro hombre. No me dijo nada, pero me miró de manera que parecía quebrantarme a sus pies. Desde entonces he creído que éste es el estado mental más extraordinario; pues a mi parecer era una realidad el hecho que Él estuvo frente a mí, y yo caí a sus pies y derramé mi alma a El. Lloré como llora un niño, e hice confesiones como pude con mis palabras ahogadas. Me pareció como si hubiera lavado Sus pies con mis lágrimas; y sin embargo, no tenía la menor impresión de haberle tocado, que yo recuerde.

> Debo haber continuado en este estado por algún tiempo, pero mi mente estaba demasiado absorta con este encuentro como para poder recordar cualquier cosa que yo haya dicho. Pero sé que tan pronto como mi mente pudo recuperarse de este encuentro yo regresé a la oficina y encontré el fuego que había encendido con pedazos grandes de leña, consumido casi en su

totalidad. Cuando regresé y estaba a punto de sentarme junto al fuego recibí un poderoso bautismo del Espíritu Santo. Sin esperarlo, sin haber pensado en mi mente que existía tal cosa para mí, sin recordar haber escuchado de ninguna persona en el mundo mencionar tal cosa, el Espíritu Santo descendió sobre mí de manera que parecía atravesarme, cuerpo y alma. Podía sentir su impresión, como una ola de electricidad, que atravesaban por mí una y otra vez, penetrando hasta lo más profundo. Realmente, parecía venir en olas y olas de amor líquido, pues no puedo expresarlo de ninguna otra manera. Parecía el mismo aliento de Dios. Puedo recordar claramente que parecía soplar sobre mí, como si fueran inmensas alas.

No hay palabras que puedan expresar el amor maravilloso que fue derramado sobre mi corazón. Lloré con gozo y amor, y no estoy seguro pero debo decir que literalmente gemí los sonidos indecibles de mi corazón. Estas olas vinieron sobre mí una, y otra, y otra vez, una tras la otra, hasta que recuerdo haber dicho 'moriré si estas olas continúan viniendo sobre mí'. Dije, 'Señor, ya no puedo soportar más'; sin embargo, no tenía miedo a la muerte.[7]

Los momentos en que experimentamos estas fuertes contracciones abdominales eran generalmente seguidos por largos periodos de completa paz que son difíciles de describir con palabras. Algunas veces explicamos estas respuestas inexplicables al Espíritu Santo como "hablar en lenguas con nuestros cuerpos". Dios ha utilizado estos períodos en que hemos experimentado su presencia tangible de tal manera para grabar en nuestras mentes el concepto escrito en el Salmo 84 por los Hijos de Coré. "Anhela mi alma y aun ardientemente desea los atrios de Jehová; Mi corazón y mi carne cantan al Dios vivo" (Salmo 84:2). Así como nuestra carne ha clamado al Dios viviente, Él nos ha respondido repetidamente con increíbles demostraciones de

[7] Charles Finney, *Charles G. Finney: An Autobiography*, (Old Tappan, N.J.: Fleming H. Revell Company, 1876, renewed 1908), 20-21.

Su amor y poder. Cada experiencia con Dios ha sido seguida por un período de paz profunda y sobrenatural.

Ha habido otras ocasiones cuando el peso de la presencia de Dios ha venido sobre nosotros simultáneamente como una sola carne mientras adoramos juntos en una iglesia o conferencia. Cuando esto ocurre es posible resistir el sentir de nuestros cuerpos relajados y permanecer de pie. Sin embargo hemos aprendido que la intensidad de nuestra experiencia con la presencia manifiesta de Dios se incrementa si ese tipo de sensaciones se abrazan y no se rechazan. Nuevamente, Dios puede elegir dominarnos con o sin nuestro consentimiento tal como lo hizo con Pablo en el camino a Damasco, pero al Espíritu Santo le encanta sentirse bienvenido y honrado en nuestras vidas.

Al crecer nuestra percepción del toque sobrenatural de Dios, se vuelve más difícil permanecer de pie. Sentarse es una reacción normal, pero a menudo llega al punto en que es difícil permanecer en cualquier otra posición que no sea recostarse por completo en las sillas o el piso. Aunque en ocasiones puede suceder repentinamente, resultando en una rápida caída, con Linda y conmigo por lo general ocurre de manera lenta y progresiva. A menudo terminamos en posiciones horizontales nada elegantes al ceder nuestros cuerpos a la presencia y el poder del Espíritu de Dios. Nosotros nos referimos a esta sorprendente y poderosa interacción con el Espíritu Santo como "derretirnos". Tal como se derrite una buena barra de chocolate que se deja en el auto en un día caluroso y soleado, así nuestros cuerpos se derriten como respuesta a la presencia del Espíritu Santo.

Esto nos sucedió en una ocasión de una manera con bastante fuerza durante el tiempo de adoración de la tarde en una conferencia cristiana. Dejamos de cantar por un instante pues nos sentimos movidos a orar el uno por el otro. De manera totalmente imprevista e inesperada, ambos nos derretimos en nuestras sillas, terminando el servicio desplomados el uno contra el otro en una forma muy incómoda. Debido a la presencia abrumadora de Dios, no nos dimos cuenta por completo de nuestros alrededores. Permanecimos en ese extraño pero agradable estado por un largo período de tiempo. Cuando por fin pudimos y quisimos levantarnos para retirarnos, solo quedaba un pequeño grupo de gente de los cientos que habían estado ahí originalmente. Éste fue un encuentro fuerte para ambos con la presencia tangible del Espíritu de Dios. ¡Ha sido una de las experiencias sobrenaturales más poderosas y memorables de nuestras vidas!

Linda y yo hemos aprendido que dar y recibir la presencia y los dones del Espiritu Santo debe ser parte de nuestras vidas cotidianas. Interacciones serias y significativas con Dios pueden ocurrir, y ocurren, en los escenarios más cotidianos. El compartir las experiencias espirituales con nuestro cónyuge es una forma práctica y no amenazante de aprender cómo participar en la dimensión sobrenatural. La relación íntima del matrimonio es el escenario ideal para que un hombre y una mujer puedan sentir la intimidad del toque amoroso de Dios. Las manifestaciones que ocurren son normales y naturales para quienes las reciben. No están destinados para ser utilizados como un espectáculo. Estas experiencias son una porción válida de una vida verdaderamente abundante.

La frecuencia de estas interacciones como una sola carne con Dios como pareja no ocurre siempre a diario, pero no es raro que formen parte de nuestro tiempo de devoción y oración juntos. Podemos elegir entrar a Su presencia en esta forma tangible casi a voluntad. Podemos entrar intencionalmente en la divina gloria de su presencia manifiesta. Su toque está disponible para aquellos que lo piden continuamente, quienes continúan buscándole, quienes continúan pidiéndolo. La intensidad y satisfacción de la intimidad con Dios es sorprendente y maravilloso, realmente sobrepasando aquello que puede ser disfrutado al tener intimidad física en el matrimonio.

Éstas han sido experiencias abrumadoras de una unidad increíble el uno con el otro y con Dios. Hemos tenido momentos en que pareciera que somos uno solo con Dios en espíritu, alma y cuerpo. Nuestra percepción y entendimiento de la comunión con nuestro Dios sobrenatural ha sido transformada para siempre. Sentimos que estamos justo comenzando a tocar los límites de la unión con Dios en la manera en que Jesús lo describió a sus discípulos – tal como una rama está conectada a la vid (Juan 15).

CAMBIO SOBRENATURAL

A lo largo de mi vida me he dado cuenta que mi naturaleza es de un pacificador. Dios puso esto dentro de mí mientras me formaba en el vientre de mi madre. En mi interior, esto es quien yo soy realmente.

Sin embargo, también ha sido claro que hay una disposición al enojo que se ha manifestado en innumerables ocasiones, y que ha sido evidente para los demás en muchas ocasiones. Esta ira intensa es una maldición familiar pasada a mí por el reino de las tinieblas a través de las generaciones pasadas. Yo nunca lo pedí – lo recibí como un regalo no deseado. Sin embargo, sin duda he participado con ella gustosamente en muchas ocasiones, intensificando su poder en mi vida y sus efectos dañinos en aquellos que me han conocido.

Cuando oré con Jeff y Brandy Helton para recibir liberación y sanidad interior, oramos específicamente en contra del espíritu de ira y le ordenamos que saliera. Inmediatamente yo me sentí mucho más en paz con quien yo era y me volví mucho más amable y compasivo con quienes me rodean. En los meses siguientes, esa ira extrema que me había plagado por años se manifestó una vez más. Aun en ese momento, esos sentimientos incontrolables dentro de mí fueron mucho más débiles y pasajeros que en las muchas ocasiones anteriores.

Luego de nuestras experiencias sobrenaturales en el Congreso Texas Ablaze en Dallas, la profundidad y la consistencia de mi paz interior ha sido considerablemente fortalecida. De vez en cuando aún siento una grado menor de ir que está tratando de aumentar dentro de mí. Ahora, sin embargo, yo puedo inmediatamente reconocer ese sentimiento de ira en mi espíritu y en mi alma, y tan pronto lo identifico, la furia es derrotada por la presencia de Dios que habita en mí. La ira se va y es reemplazada inmediatamente por un sentimiento de calma y paz interior, que sé que solo viene a través de la presencia del Espíritu Santo.

Mi tolerancia y la manera en que me relaciono con Linda y otras personas han cambiado profundamente desde que fui tocado por la presencia de Dios en esa manera tan increíble. Esto no fue obtenido a través de la modificación del comportamiento o un esfuerzo concentrado de mi parte. Yo había intentado derrotar mi ira utilizando autocontrol, pero había fallado miserablemente. Este cambio fue conseguido de manera sobrenatural reemplazando el espíritu de ira por el espíritu del Príncipe de Paz. ¡Esa ira extrema, que me había atormentado a mí y a los que me rodeaban por tantos años, se había ido milagrosamente! Y tres años más tarde puedo decir que no ha regresado. Aquel que está en mí es mayor "que el que está en el mundo" (1 Juan 4:4).

CAMBIO SOBRENATURAL

Otro efecto de vivir en lo sobrenatural es aquella sanidad que comúnmente ocurre por el Espíritu de Dios. El año pasado, mientras buceaba en el Océano Índico durante la marea baja, Linda sufrió una abrasión severa en su espinilla izquierda al rasparse contra una formación de coral. La herida sangró por horas y la dejó con un dolor muy intenso. Para el final del segundo día mostraba signos de infección. Varios de nosotros rodeamos a Linda, proclamando el deseo de Dios y su milagrosa habilidad de sanar enfermedades de la piel (2 Reyes 5:14; Mateo 8:3, 10:8). Una hermana de Kenya llamada Nellie, quien tenía don de samidad, puso su mano en las heridas supurantes y oró que Dios detuviera la infección. Aunque no teníamos acceso a antibióticos apropiados, la infección desapareció de la noche a la mañana. ¡A la mañana siguiente la pierna de Linda se veía muchísimo mejor! ¡Una sanidad divina había ocurrido en su cuerpo por el poder de Dios!

Con la infección controlada pudimos disfrutar del resto de nuestro viaje. Sin embargo, durante el largo viaje de regreso a casa, notamos un bulto desarrollándose por debajo de la piel, cerca del hueso de la pierna de Linda. Nuevamente oramos pidiendo sanidad, pero el bulto incrementaba gradualmente en tamaño y el dolor en esa área se intensificó.

La mañana siguiente de nuestro retorno a casa fuimos con un cirujano ortopédico para que revisara la pierna de Linda. Él limpió la lesión; un quiste se había formado en el periostio de la tibia. Poníamos una compresa con gasa estéril dos veces al día, mientras que los estudios seguían sin mostrar signos de infección, pero el quiste continuaba supurando un chorro constante de líquido amarillo transparente. Regresábamos a la oficina del médico dos veces por semana, y en cada visita nos decía que la única forma de detener la supuración era con cirugía.

Continuamente orábamos a Dios junto con otros hermanos y hermanas en Cristo, pidiendo una sanidad sobrenatural sobre esta herida. Sin embargo, después de más de un mes de compresas diarias, la supuración de la herida continuaba sin cesar. La hija de tres años de edad de una amiga miró a Linda inquisitivamente y le preguntó, "¿por qué está llorando tu pierna?"

Un domingo por la mañana Linda y yo estábamos adorando en el santuario de la iglesia, horas antes de que comenzara el primer servicio. Mientras oraba nuevamente pidiendo a Dios que la sanara milagrosamente, Linda recibió la revelación de que un espíritu demoníaco había entrado en su pierna y estaba literalmente burlándose del poder, de la gloria, y de la habilidad sanadora de *Jehová Rapha* – Jehová tu sanador (Exodo 15:26).

Mientras oraba en lenguas, el Espíritu Santo vino sobre mí. Con una confianza y autoridad mayor de lo que había experimentado antes, puse mi mano sobre la pierna herida de Linda y ordené al espíritu burlón que se fuera. Con una fuerza y denuedo que se levantó dentro de mí en mi espíritu, oré sobre Linda con más poder y fervor que nunca antes. Ella sintió inmediatamente una liberación física mientras que el demonio se iba de su cuerpo. Ambos supimos que algo extraordinario y divino había sucedido en ese momento.

Minutos más tarde removimos la venda de la pierna de Linda. Todavía había estado supurando cuando habíamos colocado la venda esa mañana. Ahora la supuración se había detenido completamente, para no regresar jamás. Jesús sanó la herida de Linda ese día, demostrando milagrosamente Su poder sobre el enemigo y sobre la enfermedad. Este encuentro con nuestro Dios viviente y verdadero fue una experiencia asombrosa y alegre que compartimos juntos, como una sola carne.

DOMINIO PROPIO SOBRENATURAL

El día antes de que yo enviara el manuscrito del primer capítulo de este libro a nuestra editorial, Linda y yo experimentamos un fuerte ataque de las tinieblas. Aunque ambos sentimos esto en el ámbito de lo espiritual, el ataque a Linda fue particularmente severo. Mientras caminábamos esa noche apenas si dijimos una palabra. Un espíritu de mentira (1 Reyes 22:22) puso varios pensamientos en la mente de Linda. El Espíritu de sabiduría (Isaías 11:2) le dijo a ella que no era necesario verbalizar muchos de esos pensamientos. El dominio propio, parte del fruto del Espíritu que Linda había recibido, le permitió quedarse callada por los veinte minutos que duró nuestra caminata. Mientras tanto, yo estaba completamente confundido.

Linda y yo anhelamos esas caminatas juntos diariamente. Son tiempos preciosos que esperamos para poder conversar sin interrupciones. Sin embargo, esa noche obviamente mi esposa no estaba hablando para nada. No tenía sentido en mi mente natural. No obstante, en el ámbito sobrenatural, Dios me permitió reconocer que ambos estábamos siendo atacados por una fuerza espiritual ajena a nosotros. Él me llenó con dones de paciencia y autocontrol. Sin ellos, yo hubiera reaccionado de manera emocional que hubiera empeorado la situación.

Gracias a que tenemos un matrimonio sobrenatural, ambos teníamos la habilidad de atravesar por las luchas de esa tarde con el entendimiento espiritual de la situación y la confianza de que el ataque sería derrotado en poco tiempo. Jesús permaneció fiel y triunfante esa noche. Pablo dijo que debido a la presencia y el poder del Espíritu de Dios, "estamos atribulados en todo, mas no angustiados; en apuros, mas no desesperados; perseguidos, mas no desamparados; derribados, pero no destruidos" (1 Corintios 4:8-9).

Al siguiente día nuestra paz había sido restaurada y este manuscrito había sido enviado a la editorial. Sin el Espíritu de Dios en nosotros, sin Su presencia en el centro de nuestro matrimonio, el resultado hubiera sido muy diferente. Dios nos había preparado sobrenaturalmente para identificar, resistir, y finalmente derrotar un ataque maligno por parte del reino de las tinieblas.

Oportunidad sobrenatural

Durante una visita reciente a China, Linda y yo fuimos invitados a una cena con un líder comunista en Beijing. El funcionario W[8] comenzó la visita al recibirnos en una sala formal de juntas. Yo me senté a su lado derecho en una silla grande, adornada y muy cómoda, mientras tomábamos el te juntos y conversábamos un tanto forzados sobre los eventos actuales en China.

Después de treinta minutos de conversar por medio de un intérprete acerca de nada realmente importante, atravesamos la ciudad en auto para dirigirnos a un restaurante y spa del gobierno.

---

[8] Por su seguridad, he omitido su nombre completo.

Dentro de las imponentes instalaciones había varios comedores, cada uno decorado exquisitamente con paredes cubiertas en papel de oro, hermoso arte chino, maravillosas mesas de madera, y sillas tapizadas con muy buen gusto. El edificio entero estaba limpio e impecable, diseñado artesanalmente, y construido con gran destreza.

Mientras nos preparaban la cena, conversamos un poco más con el funcionario y otros cuantos líderes en un área de recepción contigua a nuestro comedor privado. Comenzamos a relajarnos. La conversación se tornó más casual, enfocándose en el trabajo, la familia, y áreas de interés personal.

Cuando nos sentamos a comer, Linda sacó un juego de palillos chinos amarillos de plástico, unidos en uno de los extremos a la cabeza de un pato sonriente. Se supone que son para niños pequeños, pero Linda los había traído en broma para tratar de aligerar el ambiente de nuestras reuniones con los líderes chinos. Ellos se rieron mientras nosotros nos reíamos con ellos – el ambiente de la reunión cambió por completo gracias a este acto gracioso. Los doce platillos que nos presentaron ese día fueron los más increíbles que jamás hayamos visto. Pero más increíble aun, fue el cambio de dirección que tomó nuestra conversación durante el resto de nuestra comida.

Durante las siguientes dos horas, el funcionario nos hizo una serie de preguntas acerca de lo que significa ser un cristiano en los Estados Unidos. Nos preguntó el significado de términos como iglesia, pastor, anciano, decano. Quería saber lo que significa la adoración y nos pidió que describiéramos cómo es una semana típica de actividades en la iglesia. Parecía preocuparle que al mostrar lealtad a Dios, los cristianos ya no quisieran servir patrióticamente a su país.

Me preguntó cuál era la cosa más importante en mi vida, y yo le dije "Dios es número uno". Cuando me preguntó qué sería lo siguiente más importante, yo le respondí inmediatamente diciéndole "Linda es número dos". Mientras se reía, le preguntó a Linda, "¿Qué piensa usted referente a ser la número dos?" Linda le respondió confiadamente, "¡Me encanta! De hecho, Dios también es número uno en mi vida. Dan está muy conforme con ser número dos después de Dios".

El líder se quedó con los ojos y boca abiertos. Viniendo de una sociedad donde el gobierno comunista es supremo, y los hombres dominan a sus familias, era impresionante para él escuchar a Linda decir públicamente "Dan es número dos". Pero aun más impresionante era el hecho de que yo aceptaba, e incluso animaba, que Linda me tuviera en tal posición después de la supremacía de Dios en su vida. Continuamos explicando más acerca de cómo hombres y mujeres pueden relacionarse los unos con los otros en el matrimonio cristiano, con respeto mutuo, dando como resultado que ambos son recipientes de amor y honor. Compartimos con él cómo este tipo de relación marital es beneficial para cualquier sociedad.

Ésta era una oportunidad única y maravillosa para discutir con un líder comunista influyente acerca del tesoro de vida abundante que tenemos en Dios. Fue una oportunidad dada a nosotros como un regalo, ordenada divinamente y lograda de manera sobrenatural por medio de vasijas frágiles, como vasos de barro. Pablo dijo que personas ordinarias, como nosotros, extienden la gloria de Dios a través de sus vidas y sus palabras (2 Corintios 4:7). A través de una conexión con el Espíritu Santo, nuestra relación con Dios fue madurando. Como Jesús, estábamos creciendo "en gracia para Dios y los hombres" (Lucas 2:52).

A la siguiente mañana dejamos los pasillos dorados de los adinerados y nos dirigimos a ministrar a aquellos cuyo estilo de vida se encontraba en el otro extremo. Viajamos al campo, y pasamos todo el día con una iglesia clandestina, que literalmente se reunían bajo tierra refugiados en una cueva grande. En el ámbito natural parecían ser muy pobres, pero el Espíritu del Señor estaba sobre ellos y gozaban de riquezas que no pueden ser medidas en dólares americanos o en Yen chino.

Durante la adoración en la cueva, Linda y yo identificamos a una mujer casada de mediana edad cuya cara brillaba como la cara de un ángel. Ella mantenía una expresión de paz que contradecía todos los desafíos de su vida. Resultó ser la pastora de esa iglesia clandestina en particular. A pesar de las dificultades que había enfrentado en su vida, tenía todo lo que necesitaba para vivir una vida piadosa (2 Pedro 1:3). Esta oportunidad que habíamos tenido de compartir y orar con esta preciosa hermana no era menos significativa que nuestro encuentro con el funcionario W el día anterior.

El rostro y la vida de esta mujer irradiaban la gloria de Dios para que todos pudieran verla. Ni su pobreza ni el sistema opresivo de gobierno en el que vivía pudieron evitar que la Luz del mundo fuera emitida a través de cada parte de su ser. Es el deseo intenso de mi corazón poder ver esa misma gloria brillando en mi, en mi matrimonio, y en todos aquellos que buscan la intimidad con Dios.

TRANSICIÓN AL MATRIMONIO SOBRENATURAL

En el libro de Ruth Ward Heflin, *River Glory,* ella escribe "El deseo de Dios es llevarnos a lugares donde ni siquiera podemos pedir ser llevados, porque no sabemos que existen. Quiere darnos experiencias que nunca podríamos pedir porque nunca hemos siquiera soñado con ellas". Ésta es la esencia de la transición al matrimonio sobrenatural. Linda y yo no sabíamos qué pedir cuando clamamos a Dios durante nuestro aniversario número veinticinco. Pero el Espíritu de Dios intercedió por nosotros con gemidos indecibles. Pablo escribió que habrá cosas por las cuales nuestro espíritu clamará sin que nosotros las pidamos con palabras. El escribe "Pero si esperamos lo que no vemos, con paciencia lo aguardamos. Y de igual manera el Espíritu nos ayuda en nuestra debilidad; pues qué hemos de pedir como conviene, no lo sabemos, pero el Espíritu mismo intercede por nosotros con gemidos indecibles" (Romanos 8:25-26). Dios contestó nuestras oraciones con claridad y gloriosa simplicidad. Una vez que se ha experimentado, la revelación del matrimonio sobrenatural no es nada complicada. De hecho, es sorprendentemente simple y simplemente sorprendente.

Mientras seguimos en la búsqueda de una mayor intimidad con Dios a través de la comunión con el Espíritu Santo, es importante darnos cuenta que el tiempo en que Él nos responde no está bajo nuestro control. Afortunadamente, Dios es completamente sabio y conoce el tiempo perfecto para todas las cosas. La urgencia temporal dentro de nosotros es una señal del deseo apasionado por aquello que buscamos. Aunque la pasión por Dios es una señal admirable, debemos recordar que Dios es absolutamente soberano en todas las cosas que ocurren en Su Reino. A causa del amor y la fidelidad de Dios, podemos confiar implícitamente en la bondad absoluta de Su plan. Mientras que esperamos aquello que no tenemos aún, la fe inquebrantable nos permite esperarlo pacientemente (Romanos 8:25).

Sin duda, el hecho de que estés leyendo este libro es evidencia de que estás siendo atraído más y más al mundo sobrenatural de Dios. Has sido llamado por nombre. Eres de Él y Él te conoce por nombre: "te puse nombre, mío eres tú" (Isaías 43:1). Has sido específicamente escogido por Dios, teniéndote predestinado a experimentar lo que ha sido planeado para tu vida. Él va a acomodar las cosas para que alcances el propósito de Su voluntad en tu vida: "En él asimismo tuvimos herencia, habiendo sido predestinados conforme al propósito del que hace todas las cosas según el designio de su voluntad" (Efesios 1:11).

El orden y la intención de cada evento en tu formación espiritual ha sido ordenado por el Espíritu de Dios para que Su voluntad sea hecha en tu vida terrenal de la misma forma en que es hecha en el cielo (Mateo 6:10). Esto será logrado únicamente si permaneces conectado de manera sobrenatural con Aquel cuya voluntad anhelamos cumplir. Esperamos que tú y tu cónyuge puedan participar plenamente en el glorioso Reino de Dios y se unan a Él en el mundo sobrenatural.

CONCLUSIÓN

El matrimonio sobrenatural no está reservado para unos pocos afortunados, sino que es el destino alcanzable de todos aquellos a quienes Dios llama a un matrimonio santo. Está disponible para ti.

El matrimonio sobrenatural no es algo que se experimenta de manera inmediata. Hay que comenzar dónde estamos y comenzar a movernos hacia la meta, que es dónde Dios ha planeado que estemos. El Espíritu Santo nos guiará cada paso del camino en esta búsqueda, dando como resultado una conexión íntima que va más allá de nuestro entendimiento y que trae bendiciones que no podemos enumerar.

Mi esperanza es que aquellos que están leyendo este libro puedan elevar dramáticamente su nivel de expectativa en cuanto a lo que el matrimonio puede y debe ser. Dios quiere que nosotros experimentemos y compartamos todo aquello que está disponible para nosotros en el glorioso Reino de luz. Él no pide que su pueblo acepte la conformidad o que busque la mediocridad.

El matrimonio sobrenatural apunta proféticamente a la unidad final que experimentaremos como creyentes cuando, como la novia de Cristo, seamos unidos para siempre con Jesús. Es apropiado que busquemos la perfección en la manera que nos relacionamos con nuestro cónyuge terrenal así como nos preparamos para entrar en una relación sin mancha con Jesús en el cielo.

La revelación que hemos compartido al escribir este libro no es sólo para aquellos que viven dentro de los límites geográficos de los Estados Unidos. Su aplicación no está restringida a cónyuges en regiones dominadas por el estilo de pensamiento de la civilización occidental. Las variaciones culturales no alteran las verdades eternas de Dios y Su Palabra. Su presencia, pasión y poder están disponibles para todo cónyuge en toda nación sobre la tierra. El plan de Dios para el matrimonio es tan perfecto en Beijing, como lo es en Auckland, Nairobi, Santiago, Lima, Dallas o Berlín.

Llamaron mi atención a la aplicabilidad universal de los principios del matrimonio sobrenatural durante el cierre de una conferencia que Linda y yo estábamos dirigiendo en África. Isaac, uno de los participantes, se acercó a mí al final de la última sesión y me dijo estas palabras que aún retumban en mi memoria: "Lo que usted enseñó me ha desafiado y ha cambiado mi manera de pensar. Cuando regrese a casa, voy a utilizar las cosas que aprendí para cambiar mi iglesia y para cambiar mi país."

Recuerda esto: "Mas buscad primeramente el reino de Dios y su justicia, y todas estas cosas os serán añadidas" (Mateo 6:33). Podremos recibir todas las bendiciones del pacto del matrimonio únicamente cuando hagamos el buscar el Reino de Dios nuestra primera prioridad. El conocer a Dios íntimamente nos lleva a vivir una vida recta que demuestra el señorío de Jesús. Solo cuando Jesús sea Señor es que el Padre nos revelará los misterios de Su Reino y compartirá con nosotros los secretos de antigüedad. "La comunión íntima de Jehová es con los que le temen, y a ellos les hará conocer su pacto" (Salmo 25:14).

Ahora es tiempo para que nosotros como creyentes descubramos el gozo y la belleza que se encuentran únicamente en el matrimonio verdaderamente santo. El matrimonio sobrenatural es uno de los tesoros escondidos en el Reino de Dios (Mateo 13:44). Sus misterios están escondidos de modo que solo quienes buscan diligentemente a Dios serán recompensados con este descubrimiento maravilloso. El matrimonio sobrenatural es un tesoro secreto de Dios que está siendo revelado a las personas hoy día. Que sea "para nosotros y para nuestros hijos para siempre" (Deuteronomio 29:29).

Capítulo Trece

ROMANCE SOBRENATURAL:
INTIMIDAD EMOCIONAL

EL MATRIMONIO PERFECTO

Dios es, sin lugar a dudas, un romántico extremo. Poco después de haber hablado vida en Adán, Dios expresó su conocimiento de la necesidad del hombre de intimidad emocional y física con otro ser creado de igual valor. Dios dijo, "No es bueno que el hombre esté solo; le haré ayuda idónea para él" (Génesis 2:18). Al formar a Eva de la costilla de Adán, nuestro Padre creó la segunda parte esencial de la primera relación marital. Estos dos individuos, ahora unidos en uno solo, son el prototipo original de todos los romances y matrimonios humanos en la historia.

El escenario de esta relación de amor era idílico – un hombre y una mujer en un ambiente físico eternamente perfecto, completos sobrenaturalmente por la presencia manifiesta de Dios. Se dice que Dios bajaba y caminaba entre ellos al aire del día. Nadie más desde ese entonces ha tenido el mismo tipo de relación con el Padre, excepto Jesús mismo. Era un tiempo en el que no existía el pecado que los separara de Dios. Ellos caminaban en completa rectitud delante de

Él y no tenían ningún sentido de vergüenza, culpa, o inferioridad en la presencia de Dios. Ellos se sentían en casa en la presencia de Dios porque para eso era para lo que habían sido creados. También estaban desnudos "y no se avergonzaban" (Génesis 2:25), estaban familiarizados totalmente el uno con el otro e íntimamente conectados a Aquel quien consistentemente proveían todo lo que ellos necesitaban.

Adán y Eva fueron la primera pareja que experimentó la dicha extrema del matrimonio sobrenatural. Ellos tenían el matrimonio perfecto en el lugar perfecto. Su unidad entre sí y con Dios se perdió al rechazar Su señorío. Sin embargo, su relación antes de la caída sirve de ejemplo para todos aquellos que buscan cumplir el plan fundamental de Dios para el santo matrimonio.

La intimidad intensa en el plan de Dios para el matrimonio es elogiada a través de las alusiones románticas en el Cantar de los Cantares en el Antiguo Testamento, reiterada por el apóstol Pablo en sus cartas del Nuevo Testamento, y demostrada por el retorno apasionado de Jesús para reclamar a su novia en las visiones reveladoras de Juan.

Atracción poderosa a través de la pasión

El Salmo 42 describe un deseo casi insaciable por Dios y una disposición de ir a dondequiera para encontrarse con Él: "Como el ciervo brama por las corrientes de las aguas, así clama por ti, oh Dios, el alma mía. Mi alma tiene sed de Dios, del Dios vivo. ¿Cuándo vendré, y me presentaré delante de Dios?" (Salmo 42:1-2). Esta Escritura nos recuerda la atracción poderosa experimentada entre el esposo y su esposa, la pasión que a veces demanda que se escapen a un lugar de privacidad donde se puedan unir en una sola carne. La atracción sexual saludable entre los cónyuges en el matrimonio es un reflejo del fuerte deseo que Dios quiere que tengamos en nuestra relación con Él. Después de haber completado la creación en el sexto día, Dios se movió a su día de descanso sabiendo que todo "era bueno en gran manera" (Génesis 1:31). Parte de su creación fue la atracción física en el hombre por la mujer, y más tarde en la mujer por el hombre. Podemos decir con confianza que Dios puso este deseo poderoso en cada uno de nosotros, y eso también es bueno en gran manera.

El simbolismo romántico, e incluso sexual, es usado regularmente en Cantar de los Cantares. Somos de nuestro Amado y en nosotros "tiene su contentamiento" (Cantares 7:10). A través de esta bella historia alegórica, el más sabio de los reyes terrenales apunta proféticamente a la intimidad extrema que Jesús, como el Novio, espera cuando se una con la iglesia como su novia perfecta. Aquel que nos dio un deseo físico ardiente el uno por el otro en el matrimonio es el mismo Dios que quiere que nos involucremos en una relación de amor apasionada con Él.

ENTREGÁNDONOS A DIOS Y A NUESTRO CÓNYUGE

El deseo de Dios es que sometamos por nuestra propia voluntad cada aspecto de quien somos a Él, el Amante perfecto de nuestra alma. En el matrimonio representamos simbólicamente esta sumisión a Él cada vez que rendimos nuestro corazón, nuestra voluntad, o nuestro cuerpo el uno al otro. En el matrimonio sobrenatural este rendimiento a las necesidades y deseos de nuestra pareja sucede de manera regular. Es guiado por el Espíritu de Cristo y es hecho por reverencia a Él. Esta es una de las razones por las cuales Pablo, en el contexto del matrimonio, escribió "Someteos unos a otros en el temor de Dios" (Efesios 5:21).

Para que el señorío de Jesús sea completo, es necesario que cada uno de nosotros sometamos nuestro cuerpo a Él. Esto es comúnmente enseñado a los jóvenes durante los años de noviazgo, con la esperanza de que permanezcan puros en sus relaciones físicas. Sin embargo, el señorío de nuestro cuerpo no es menos importante después de que el matrimonio es establecido que antes.

Durante cada etapa de la vida tu cuerpo es para el Señor (1 Corintios 6:13). Cuando tenemos oídos para escuchar lo que el Espíritu dice y constantemente obedecemos lo que hemos escuchado, haremos con nuestros cuerpos físicos aquello que más honra y glorifica a Dios. Él nos llevará a los mejores caminos para bendecir a nuestro cónyuge a través de la sumisión a sus necesidades durante la intimidad sexual.

¿Cómo puedes honrar a Dios con tu cuerpo en el matrimonio? Tu cuerpo no es tuyo. Le pertenece a Dios. Pablo escribió a los Corintios en su primera carta: "¿O ignoráis que vuestro cuerpo es templo del Espíritu Santo, el cual está en vosotros, el cual tenéis de Dios, y que no sois vuestros? Porque habéis sido comprados por precio; glorificad, pues, a Dios en vuestro cuerpo y en vuestro espíritu, los cuales son de Dios" (1 Corintios 6:19-20). No solo tu cuerpo le pertenece a Dios, sino que también se lo ha dado a tu cónyuge. De hecho, Pablo continúa hablando acerca de esto no mucho después en la misma carta, dando algunos consejos en cuanto al matrimonio. Él dijo:

> "El marido cumpla con la mujer el deber conyugal, y asimismo la mujer con el marido. La mujer no tiene potestad sobre su propio cuerpo, sino el marido; ni tampoco tiene el marido potestad sobre su propio cuerpo, sino la mujer. No os neguéis el uno al otro, a no ser por algún tiempo de mutuo consentimiento, para ocuparos sosegadamente en la oración" (1 Corintios 7:3-5).

Dios usa tu cuerpo como una herramienta poderosa a través de la cuál tanto Su amor como el tuyo pueden ser demostrados bellamente a tu cónyuge. De hecho, aun el amor que tu crees que es tuyo se originó dentro del corazón de Dios. En el matrimonio sobrenatural Su amor perfecto fluye a través de cada uno hacia el otro, sin restricción ni pausa. El amor puro y santo del Padre es el manantial de vida que fluye eternamente, la fuente principal de todo lo que se necesita para establecer y mantener la unidad espiritual, emocional y física en el matrimonio. Y un aspecto en el que el amor se demuestra es a través de la intimidad sexual. Pero antes de que entremos en la intimidad sexual, es importante que primero discutamos la necesidad que tenemos por una intimidad emocional. Antes de que uno de los cónyuges se pueda sentir conectado de una manera sexual, existe una gran necesidad de conectarse en un nivel emocional, romántico.

ROMANCE COTIDIANO

Los eventos románticos más importantes que llevan a una relación sexual exitosa son aquellos que ocurren horas, días, o incluso años antes. Estas son las cosas que establecen un lazo fuerte entre los cónyuges y una conexión cercana el uno con el otro. Estos son esenciales para mantener una intimidad emocional a largo plazo.

Un matrimonio que muestra un romance cotidiano confiable y ameno está bien equipado para proceder suavemente hacia la intimidad sexual. Sin embargo, una relación matrimonial basada en la sexualidad no está preparada para establecer una relación de amor y confianza a largo plazo. Esta es una de las razones por qué Dios sabiamente nos ordena que nos abstengamos de tener relaciones sexuales antes del matrimonio. Aunque todos los aspectos de la sexualidad se tornan disponibles para la pareja en el matrimonio, las formas de relación romántica menos físicas, e incluso no sexuales, continúan siendo de extrema importancia.

La llave para un romance cotidiano efectivo es que cada uno exprese amor de manera honesta y consistente al otro en formas que puedan ser reconocidas y recibidas. El amor comunicado debe ser tanto desinteresado (*agape*) como duradero (*fileo*). Es completamente apropiado que las expresiones diarias de amor puedan animar a uno de los cónyuges a la intimidad sexual. Sin embargo, el propósito principal de los gestos románticos regulares es para expresar amor, aceptación y un interés genuino en satisfacer las necesidades de tu cónyuge. No debe ser intencionado ni percibido como manipulación de ningún tipo. La manipulación es peligrosa, e inclusive mortal para las relaciones románticas.

Es críticamente importante que ambos cónyuges sepan como ellos y su pareja se sienten más comodos al comunicar el amor. En su libro, "Los cinco lenguajes del matrimonio", Gary Chapman describe las cinco formas principales en las cuales hombres y mujeres expresan su amor en sus relaciones más cercanas. Él las describe como palabras de afirmación, tiempo de calidad, dar regalos, actos de servicio, y toque físico. La mayoría de nosotros puede apreciar los cinco lenguajes del amor hasta cierto grado, pero somos movidos por uno en particular. Yo quiero animarte a leer el libro de Gary Chapman y tener conversaciones divertidas pero serias con tu cónyuge en cuanto a cuál de los lenguajes del amor disfrutan más, y con cuál se les hace más difícil identificarse.

En los gestos románticos con tu cónyuge, es generalmente sabio usar el lenguaje que ellos reciben de la manera más natural, pero no te limites solo a ese lenguaje. Comparte con tu cónyuge cuál de los lenguajes es tu favorito y ayúdale a aprender a hablar tu lenguaje de amor. Tu relación marital es enriquecida al motivarse el uno al otro a volverse hábiles en dar y recibir amor a través de los cinco lenguajes.

Linda y yo hemos hecho grandes esfuerzos para volvernos multilingües en la comunicación del amor. Tratamos de usar todos los lenguajes efectiva y regularmente. No solo escogemos el que se nos da más natural, sino que trabajamos en aquellos que sabemos que tocarán el corazón del otro en un nivel más profundo. Todos tenemos una tendencia a pensar que la manera en que nuestro cónyuge quiere recibir amor es la misma manera en que nosotros queremos recibirlo. Muchas veces tu cónyuge querrá recibir amor en una manera muy diferente a lo que tu estás acostumbrado a dar. Tú tienes que hablar su lenguaje de amor principal para que te pueda entender mejor.

El propósito principal de expresar un interés emocional sincero hacia tu pareja es que ambos se vuelvan más y más uno solo. Es extremadamente agradable y unificador el expresar pensamientos a tu cónyuge como:

"Me gustas".

"Te disfruto".

"Me preocupo por ti".

"Te aprecio".

"Deseo estar contigo".

"Te amo".

Y, "Tú eres muy especial para mí".

Estos pueden ser expresados a través de cualquiera de los lenguajes del amor. Sin importar el medio, la comunicación de estos pensamientos transmite el mensaje de amor y ternura, los cuales son cruciales para la intimidad emocional y física en el matrimonio.

Es de vital importancia ser afectuoso y coqueto con tu cónyuge de manera regular, no solo cuando deseas tener relaciónes sexuales. Existe un gran disfrute y placer expresar románticamente el amor y la ternura sin planes inmediatos de progresar hacia el acto sexual. Es particularmente bueno que el esposo planee con anticipación que sus muestras de amor no irán más allá de cierto punto esa hora, o quizás ese día. Este retraso intencional de gratificación comunica a su esposa que su meta principal en esa ocasión es solo expresarle amor, no tener relaciones sexuales. Las demostraciones de afecto físicas y verbales están destinadas a ser mucho más que una serie de acciones planeados para conseguir placer sexual. Existe un valor enorme en cada paso tomado a lo largo del camino.

CONSEJOS PRÁCTICOS PARA EL ROMANCE EMOCIONAL

Permíteme compartir contigo algunas cosas que Linda y yo hemos descubierto que son divertidas y útiles al establecer y mantener nuestro romance cotidiano:

- Estén físicamente cercanos el uno al otro tanto como sea práctico.

- Habla palabras honestas de halago acerca de tu cónyuge con otras personas. Haz esto esté o no esté presente tu cónyuge.

- A Dios le encanta cuando tienes un corazón agradecido, ¡y a tu cónyuge también! Expresa tu agradecimiento frecuentemente por cosas chicas y grandes.

- Cuando se encuentren separados en medio de una multitud, muestren estar consientes de la presencia del otro periódicamente utilizando contacto visual y una sonrisa, comunicación verbal breve, o incluso una insinuación de un beso por el aire sin contacto físico. Esto último lo aprendimos hace unos años de nuestro perico mascota que nos aventaba besos desde el otro lado de la habitación.

- Tóquense brevemente al pasar cerca el uno del otro, ya sea que estén solos, en un grupo, o nadando en la alberca pública.

- Hagan llamadas telefónicas muy breves mientras que están en el trabajo, lo suficiente como para decir, "Te amo", o "Te extraño profundamente".

- Los mensajes de texto coquetos o amorosos pueden ser extremadamente divertidos también. Sean atrevidos, pero sabios.

- Escriban letras mayúsculas en la palma de la mano o la espalda del otro usando sus dedos únicamente, que simbolicen pensamientos tiernos. (Nosotros usamos TQMMMM! para decir "¡Te quiero mucho, mucho, mucho, mucho!")

- Envíense palabras de amor y de afirmación en correos electrónicos creativos.

- Escriban notas de amor en servilletas colocadas en las bolsas de la comida que llevan al trabajo. Es increíble lo que se puede comunicar a un cónyuge efectivamente a través de estas palabras, escondidas discretamente de los ojos de los compañeros de trabajo.

- Envíen tarjetas de "Gracias" o "Te amo" vía correo regular para que les sean entregadas en su casa o trabajo.

- Envía flores o lleva a casa pequeños regalos sin ninguna razón en particular excepto para comunicar lo especial que es tu cónyuge para ti.

- Cuando sea posible, pongan música en el auto o en la casa que ambos disfruten. Es particularmente importante escuchar juntos música que les ha inspirado a entrar en una intimidad más profunda con Dios.

- Jueguen juegos románticos juntos. Por ejemplo, usen palabras claves que pueden ser dichas en público con las cuales pueden comunicar fácilmente pensamientos privados e íntimos el uno al otro.

- Recuerden regularmente experiencias divertidas y románticas que hayan tenido juntos en el pasado.

- Planea un viaje con tu cónyuge a un lugar sorpresa para celebrar un cumpleaños o algún otro evento importante. La extravagancia del viaje no es lo importante. La clave está en demostrar amor al planear y pensarlo con anticipación. Diseña el viaje de modo que incluyas suficiente tiempo para pasar juntos.

- Coquetea frecuentemente. Se creativo. ¡Es divertido!

- Tómense de las manos. Puedes hacerlo casi en cualquier lugar sin restricción ni vergüenza. Lo hicimos en nuestra primera cita y continuamos disfrutándolo frecuentemente hasta hoy.

- Compartan un chocolate de manera sensual.

- Hagan ejercicio juntos de manera regular, aun si solo es salir a caminar un kilómetro mientras platican.

- Coman juntos todas las veces que puedan. Es muy útil dejar el televisor apagado. Platiquen sobre eventos significativos del día y traten de escuchar por lo menos tanto como hablan.

- Establezcan una rutina antes de ir a dormir y síganla cuando les sea posible. Linda y yo disfrutamos acurrucarnos en el sofá cada noche mientras leemos las Escrituras juntos. Luego oramos juntos por cualquier período de tiempo que parezca justo esa noche antes de dormirnos.

- Finalmente, cada noche, a través de palabras y toques, expresen amor el uno al otro una última vez antes de dormirse. El recordar que son uno entre ustedes y uno con Dios, les permitirá descansar pacíficamente cada noche.

¿POR QUÉ NO SER AMABLE?

Por años Linda y yo hemos usado una expresión que decimos al otro cuando se nos agradece por ser extremadamente amable. Comunmente respondemos con una frase básica de cómo nos tratamos el uno al otro, "¿Por qué no ser amable?" En el momento es dicho más por diversión, pero en realidad ser amable es un concepto importante en el romance cotidiano del matrimonio.

La gentileza y la amabilidad son críticas para mantener el ambiente romántico de una relación cercana a largo plazo. Cuando hay diferencia de opinión entre los cónyuges sobre un tema en particular, es posible y extraordinariamente efectivo retener el fruto del Espíritu al tratar con la situación. No se gana nada de valor al ganarle la batalla a tu cónyuge. Incluso en momentos de frustración y confusión intensa es completamente posible ser amable y gentil. Cuando es necesario hablar palabras fuertes, éstas pueden ser envueltas en amor ágape. No existe razón para no ser amable con tu compañero de la vida.

La regla de oro

Saber cómo relacionarse cariñosamente con tu cónyuge en el matrimonio realmente no es difícil. Jesús resumió el mensaje de toda la Escritura en una frase a la cual nos referimos como "la Regla de Oro". Jesús dijo, "Así que, *todas las cosas que queráis que los hombres hagan con vosotros, así también haced vosotros con ellos*; porque esto es la ley y los profetas" (Mateo 7:12, el énfasis es mío). Su instrucción aparentemente simple es maravillosamente aplicable a todas las formas de asociación interpersonal, especialmente a la conexión relacional íntima dentro del pacto del matrimonio. Cuando tratamos a nuestra pareja de la manera en que nos encantaría ser tratados, el ambiente emocional y romántico de nuestro matrimonio mejorará indudablemente.

Si una de las partes en la unión matrimonial constantemente suple los deseos y necesidades legítimas del otro en su diario vivir, es mucho más probable que sus deseos también se verán realizados. Es una regla general que la amabilidad demostrada lleva a la amabilidad recibida. Esto es verdadero en la mayoría de las relaciones, pero es más confiable cuando nuestro cónyuge está buscando honrar a Dios.

La amabilidad mostrada solo por el propósito de manipulación o control es muy perjudicial para una relación y debe ser evitada completamente. Sin embargo, no hay nada más romántico que buscar y hacer persistentemente las cosas que más bendicen a aquella persona a quien más amas. Si tienes oídos para oír lo que la Escritura dice (Apocalipsis 3:22), no hay duda de que Dios te indicará sobrenaturalmente el dónde, cuándo y cómo demostrar amor de la mejor manera a tu pareja en el matrimonio. De modo que, animándote al romance como mi objetivo principal, te pregunto, "¿Por qué no ser amable?" Inténtalo. Te prometo que como resultado obtendrás bendiciones.

Capítulo Catorce

ROMANCE SOBRENATURAL: INTIMIDAD SEXUAL

Ya que hemos visto la importancia de la intimidad emocional en la relación matrimonial, ahora pongamos nuestra atención en el tema de la intimidad sexual. En este capítulo quiero tratar con cómo Dios creó nuestra sexualidad y luego darte algunos consejos de cómo buscar a tu cónyuge y disfrutar de la intimidad sexual en el contexto del matrimonio sobrenatural. Al rendir nuestros cuerpos y sexualidad al señorío de Cristo, Dios nos enseñará principios eternos que cambiaran nuestras vidas para siempre.

LA SIMPLICIDAD DE LA SEXUALIDAD

Por un lado, Dios creó la sexualidad humana para ser increíblemente simple. Los aspectos esenciales de cómo nos unimos para reproducirnos pueden ser enseñados en un corto período de tiempo. El deseo sexual, conocido también como libido, puesto dentro de nosotros hace posible para la mayoría que tengamos éxito en el acto básico de la relación sexual con poco o nada de práctica. Científicos han analizado la anatomía, fisiología y respuestas emocionales involucradas en la relación sexual al punto que parece que pueden ser completamente comprendidas por cualquiera y llevadas a cabo de manera perfecta por cualquiera que esté dispuesto a hacer el esfuerzo por aprender.

Por otro lado, es aparente que, debido a los frecuentes malentendidos, aplicaciones malsanas, y confusión general en torno a la sexualidad, esta área de interacción humana es también extremadamente compleja. Poetas han escrito líneas innumerables de versos, mientras que los escritores de ficción han producido incontables novelas románticas. Los investigadores más sabios admiten que aún existe mucho que no conocemos cuando se trata de la sexualidad humana. Mientras tratamos de explicar esta interacción trascendente entre el cuerpo, alma, y espíritu de dos individuos que se conectan, es cada vez más obvio que esta creación multifacética de Dios no es para nada simple.

Proverbios 30 se refiere a la intimidad sexual como algo que no puede ser realmente comprendido. Agur escribió: "Tres cosas me son ocultas; aun tampoco sé la cuarta: el rastro del águila en el aire; el rastro de la culebra sobre la peña; el rastro de la nave en medio del mar; y el rastro del hombre en la doncella" (Proverbios 30:18-19). Estando de acuerdo con Agur, yo diría que el sexo, disfrutado dentro del pacto del matrimonio, es simplemente sorprendente.

Como con otros aspectos de la relación entre los cónyuges en el matrimonio sobrenatural, es importante no conformarse con algo mediocre en el acto sexual. El juego sexual ha sido creado para ser disfrutable y satisfactorio, sin ningún sentimiento de vergüenza o culpa. En ocasiones puede ser absolutamente impactante. No aceptes *muy bueno* como la meta principal de la intimidad sexual en tu unión matrimonial. Cada cónyuge puede y debe hacer un esfuerzo continuo en mejorar este aspecto tan placentero del matrimonio. Dios no pone límite en la dicha que puede ser experimentada en la intimidad física con tu cónyuge. Es algo bueno y apropiado el hecho de que debamos pasar toda una vida junto a nuestro cónyuge buscando las mejores maneras de disfrutar de este precioso regalo de nuestro Padre amoroso.

Temerosos de hablar de la sexualidad

Quizás una de las secciones más intimidantes de escribir en este libro ha sido ésta en cuanto a la intimidad sexual. Yo siempre he considerado la sexualidad como uno de los temas más personales. No es algo de lo cual regularmente hablo con amigos o con extraños. El sexo es algo que pocas veces se menciona en los sermones, las clases de escuela dominical, o durante conversaciones informales entre los creyentes. Cuando las relaciones sexuales son discutidas en los círculos cristianos, es generalmente en el contexto negativo de los problemas causados por la intimidad sexual fuera del matrimonio.

Yo comencé a reunir mis pensamientos en cuanto a la sexualidad recientemente mientras me encontraba en un avión volando a Saint Maarten para trabajar en este libro. Mientras que escribía el título, "Intimidad sexual" en la parte superior de la página, inmediatamente me sentí un poco incomodo porque el extraño a mi lado bien podría haber visto la pantalla de mi computadora portátil. Haciendo uso de mi libertad creativa rápidamente borré lo que había escrito y lo cambié a las palabras que Linda y yo usamos cuando queremos hablar sobre sexo en lugares públicos. En lugar de usar la palabra que comienza con "S", simplemente sonreímos y decimos, "¡tú sabes!" Por varias semanas nos referimos con gracia a este como el capítulo de "¡Tú sabes!"

El sexo es comúnmente traído a nuestra atención en maneras deshonrosas y perversas por los poderes de las tinieblas a través de los medios de comunicación masivos. La televisión, las películas, las revistas, y el Internet nos animan a obsesionarnos con las relaciones sexuales, porque al hacerlo incrementan los dividendos que reciben sus inversionistas. La sexualidad humana es forzada sobre todos nosotros en sus extremos más viles y más abusivos por los poderes de las tinieblas.

Hay sin duda muchos lugares en los cuales una discusión abierta sobre el sexo es inapropiada; sin embargo, la mayoría de los cristianos se sienten innecesariamente incómodos al hablar de este tema debido a que no lo comprenden bien, por inhibiciones referentes al tema, y una falta de apreciación de su belleza y valor para nuestras vidas. La sexualidad es un tema de vital importancia que los creyentes debieran abordar antes, durante, e incluso después del matrimonio.

Encima de todo esto, la cultura en nuestras iglesias ha adoptado generalmente un punto de vista secular referente a la sexualidad, aparte de animar el celibato fuera del matrimonio. Es vista como una parte privada de la vida del hogar la cual no está directamente relacionada con otras partes de la vida como el trabajo o incluso la religión, en ese caso. Este punto de vista no solo es incorrecto, sino también muy peligroso para el cuerpo de Cristo. Es un intento del reino de las tinieblas por esconder y finalmente destruir este maravilloso regalo de Dios. Entre toda la gente del mundo, nosotros debiéramos tener un entendimiento y aplicación correctos de nuestra sexualidad, porque nosotros tenemos intimidad con Aquel que nos creó y destinó originalmente el matrimonio para su disfrute.

Dios desea involucrarse íntimamente con cada aspecto de nuestras vidas. En el Antiguo Testamento Dios le dice a Josué, "como estuve con Moisés, estaré contigo; no te dejaré, ni te desampararé" (Josué 1:5). El evangelio de Mateo termina con Jesús animando a sus discípulos con estas palabras, "Y he aquí yo estoy con vosotros todos los días, hasta el fin del mundo" (Mateo 28:20). ¿Será que Dios quita su santa presencia de nosotros durante el momento en que estamos apasionadamente ocupados en las relaciones sexuales dentro del matrimonio? La repuesta es no, no lo hace. Él está ahí en medio de nosotros. Nuestra conexión sobrenatural con Dios no es menos real durante el acto sexual que en cualquier otro punto de nuestras vidas.

Pablo nos instruye que debemos "orad sin cesar" (1 Tesalonicenses 5:17). La comunión no es algo que hacemos el domingo con pan y vino, o para otros, galletas saladas y jugo de uva. Somos llamados a tener comunión con Dios en cada momento de nuestras vidas. Nuestra conexión íntima con Dios continúa, e incluso es mejorada, durante el acto sexual puro e incorrupto. La unión física periódicamente repetida entre el esposo y la esposa nos recuerda de la unión sobrenatural que Dios está estableciendo entre Él mismo y la iglesia. Esta bella analogía, expresada frecuentemente a través de la Biblia, es extremadamente importante en el Reino de Dios. Es algo sorprendente el estar consciente de la presencia gloriosa de Dios en todo momento – antes, durante, y después de las relaciones maritales íntimas.

Jesús requiere en última instancia ser Señor de todo. Esto incluye tu cuerpo así como tu alma y tu espíritu. Verdaderamente honras a Dios cuando aplicas apropiadamente y disfrutas en su totalidad los deseos y habilidades sexuales que Él ha creado dentro de ti y tu cónyuge. La experiencia de unidad física en el matrimonio puede ser increíblemente conmovedora y estimulante. Ayuda a establecer y mantener un vínculo de por vida entre los cónyuges y nos recuerda de la intimidad apasionada que Jesús podrá finalmente disfrutar con nosotros cuando lleguemos a ser su novia perfecta.

PRINCIPIOS ETERNOS A TRAVÉS DE LA INTIMIDAD SEXUAL

La mayoría de las personas reconocen el papel importante que la intimidad sexual juega en las relaciones interpersonales entre esposos y esposas. Pocos de nosotros, sin embargo, nos damos cuenta que la sexualidad puede ser usada por Dios para enseñarnos principios eternos y transformarnos en lo que Él desea que seamos. Yo he aprendido esto a través de una experiencia dentro de mi propio matrimonio.

Durante los primeros veinticinco años juntos, Linda y yo habíamos sido bendecidos con una relación marital maravillosa. Con el paso del tiempo aprendimos cómo responder bien a las necesidades y patrones sexuales del otro. Estábamos muy satisfechos con las formas en que nos relacionábamos físicamente, hasta que Linda pasó por una oración de liberación. En ese momento todo cambió.

Linda siempre había sido maravillosamente afectuosa. Por años yo le había dicho que ella era la mejor amante sobre la faz de la tierra. Luego de su liberación ella se volvió completamente diferente, y como decía la camiseta de la preparatoria de mi hijo, "¡Lo diferente es bueno!" Sorprendentemente, Linda se volvió más tierna, más amorosa, e incluso más feliz. Inmediatamente ambos comenzamos a disfrutar nuestra intimidad sexual mucho más que antes. Yo estaba sorprendido, confundido, asombrado, y totalmente emocionado con el cambio que acababa de ocurrir.

El aumento de la presencia del Espíritu de Dios en Linda había cambiado literalmente quién ella era. El Espíritu Santo en ella mejoró sobrenaturalmente cada aspecto de cómo ella y yo nos relacionábamos entre nosotros, incluyendo en nuestra relación sexual. Lo que había sido muy bueno se volvió aún mejor. Era una encarnación moderna de la profecía de Isaías que un campo ya fértil explotara en crecimiento para llegar a ser como un bosque, "hasta que sobre nosotros sea derramado el Espíritu de lo alto, y el desierto se convierta en campo fértil, y el campo fértil sea estimado por bosque" (Isaías 32:15). Era increíble ver el crecimiento en Linda.

A mí me encantaba la manera en que Dios había cambiado a mi esposa. La habilidad incrementada de Linda para entregarse desinteresadamente a mí era una manifestación visible y tangible de la presencia sobrenatural de Dios en ella. Después de varios meses fue muy obvio para mí que su transformación no solo era real, sino también permanente. Su habilidad mejorada para amar me llevó, unos meses más tarde, a aprender cómo recibir y compartir el fluir del río del amor de Dios en mi propia vida. No es de extrañar que cuando yo pude disfrutar de la libertad sobrenatural también me volví un amante más consistente y efectivo para mi esposa. No existe mejor estímulo para la unidad y satisfacción marital que la presencia compartida de Dios, cuya esencia es amor.

Nuestra experiencia de tener una relación cada vez más gratificante ha sido destinada a bendecir a más que dos personas. Muchos se quedan atorados en la rutina de esperar a que sus cónyuges sean más amables antes de estar dispuestos a ser mejores amantes ellos mismos. No existe justificación para esta actitud en un creyente quien confía en el amor transformador de Dios. Esperar a ser mejor amante hasta que nuestro cónyuge cambie puede convertirse en una espera de toda la vida. El ser un mejor amante puede ser el primer paso en la transformación de nuestro cónyuge. Incluso un desierto puede volverse un campo fértil por medio de un cónyuge lleno de la gloriosa presencia del Espíritu de Dios (Isaías 32:15).

Sexualidad rendida

El diseño y la intención de Dios es usar cada aspecto de quién tú eres para construir su Reino eterno. Existen muchas lecciones enseñadas y sermones predicados que describen cómo rendir nuestros espíritus, mentes, trabajos, familias, posesiones, y finanzas al control de Dios. Pero lo que necesita mayor énfasis en la iglesia es que cada porción de nuestra sexualidad, la cual es un regalo directo de Dios, debiera también ser completamente rendida al control de Dios.

Como mencioné anteriormente, tu cuerpo no es tuyo (1Corintios 6:19). Es una posesión comprada por Dios la cual es compartida por ti y tu cónyuge. Tu cónyuge debe tener acceso a tu cuerpo físico para los propósitos de los cuales son conscientes, pero también para suplir las necesidades que quizás aún no han identificado. Parte de tu responsabilidad como mitad de una relación de una sola carne es suplir lo que se necesita para cumplir aquello que ninguno de los dos puede hacer por sí solo. Una intimidad sexual satisfactoria es una de esas cosas.

Especialmente al principio del matrimonio, los cónyuges normalmente tienen opiniones muy diferentes en cuanto a lo que es deseable y completamente disfrutable dentro del ámbito del juego sexual. En ocasiones es importante poder decir "no" a una actividad que puede ser incómoda, desagradable, o que pueda no ser sabia. En estos casos es muy útil si el "no" es dicho en una manera amable que da esperanza para intentar otras ideas creativas en el futuro.

Cuando percibas resistencia hacia cualquier actividad sexual por parte de tu cónyuge, es de vital importancia que dicha actividad sea interrumpida o pospuesta hasta que se establezca la recepción por parte de tu cónyuge. Piensa en un niño pequeño siendo animado a saltar de un trampolín mientras su padre lo espera pacientemente en el agua profunda. El niño podría terminar herido emocionalmente si se le empuja del trampolín. Eventualmente, el niño salta por su propia voluntad, llevándolo a toda una vida de disfrutar una maravillosa forma de recreación. De igual manera, cada cónyuge debiera animar al otro a descubrir nuevas formas de relajarse y divertirse juntos, pero nunca obligarlo a cualquier forma de intimidad física.

AMOR DESINTERESADO

El juego sexual dentro del matrimonio tiene muchos propósitos incluyendo la procreación, la expresión de amor, demostración física de unidad, placer compartido, liberación emocional, liberación de estrés, así como satisfacción física. Cada uno de estos propósitos es perfeccionado cuando tu meta principal en la interacción sexual es que tu cónyuge disfrute plenamente todo lo que se está haciendo. Esto es completamente consistente con el mandato de Pablo en Filipenses 2. Pablo escribió, "Nada hagáis por contienda o por vanagloria; antes bien con humildad, estimando cada uno a los demás como superiores a él mismo; no mirando cada uno por lo suyo propio, sino cada cual también por lo de los otros" (Filipenses 2:3-4).

No existe un camino más confiable hacia la satisfacción sexual mutua que el que dos cónyuges compartan el campo seguro de la intimidad marital, cada uno enfocado en ayudar a que el otro disfrute plenamente su unión. Los resultados son mejores cuando la meta de cada uno es la misma – el placer y satisfacción plenos de su cónyuge. Es la clave tanto para la realización personal como colectiva de la intimidad sexual.

Un área de controversia frecuente entre los cónyuges es la frecuencia de su interacción sexual. Luego de un orgasmo es normal que la libido en el hombre disminuya notablemente y después vuelva a incrementar durante los siguientes tres a cinco días. Este patrón es tan común y predecible que ha llevado a establecer leyes maritales. Por ejemplo, en marzo del 2009, Afganistán aprobó una ley que permite a los esposos a demandar las relaciones sexuales con sus esposas cada cuatro días[9]. El hecho de que una ley así sea considerada muestra

---

[9]San Angelo Standard Times, Jueves, 16 de abril 2009, Sección C, página 1 (copiado de Associated Press).

KABUL – Docenas de jóvenes mujeres desafiaron a multitudes de hombres con barbas gritándoles "¡perros!" el miércoles para protestar en contra de una ley afgana que permite que los esposos demanden sexo de sus esposas. Algunos de los hombres tomaron pequeñas piedras y las arrojaron contra las mujeres.

Las protestas beligerantes destacan el carácter explosivo del debate por los derechos de las mujeres en Afganistán. Ambas partes se están preparando para una batalla en contra de la legislación, la cual ha provocado un escándalo internacional desde que se aprobó como ley de manera silenciosa el mes pasado.

La ley dice que un esposo puede demandar tener sexo con su esposa cada cuatro días, excepto si ella se encuentra enferma o si puede ser lastimada por el acto sexual. También regula cuándo y por qué razones una esposa puede dejar su hogar sin un acompañante del sexo masculino.

Aunque la ley se aplicaría solo a los Shiitas del país, quienes conforman menos del 20 por ciento de los 30 millones de habitantes en Afganistán, muchos temen que su aprobación marca el regreso a la opresión a la mujer al estilo Talibán.

claramente que el momento de máximo interés en el sexo muchas veces es diferente en el hombre y en la mujer.

La secuencia de disminución y aumento de libido en la mujer es mucho menos predecible que en el hombre. Tiende a seguir un patrón mucho más complejo el cual es comúnmente relacionado con el ciclo menstrual. Puede ser muy difícil, especialmente durante los primeros años de matrimonio, para los esposos entender los deseos y necesidades sexuales de su cónyuge. Es extremadamente útil para cada uno reconocer que el patrón de libido sexual de su cónyuge es algo dado por Dios con sabiduría y propósito. Aunque sus patrones de deseo no siempre concuerden bien, son lo que son y deben ser tratados con amabilidad, paciencia y amor.

El tiempo correcto puede marcar la diferencia en la habilidad de una mujer para responder y disfrutar plenamente la relación sexual. La paciencia es uno de los frutos del Espíritu que Dios crea en nuestros corazones, y la sabiduría nos es dada directamente por Dios. Cuando un hombre es paciente y permite que la sabiduría le indique cuándo y cómo buscar la intimidad con su esposa, los resultados son más que sorprendentes. Cuando se trata de bienes raíces se dice que las tres cosas más importantes son ubicación, ubicación, y ubicación. Además de la presencia del verdadero amor ágape en el matrimonio, los tres factores más cruciales en la satisfacción sexual compartida son tiempo, tiempo, y tiempo.

En un día determinado un hombre puede ser amoroso mientras que su esposa no lo es. Esto no significa que la libido de él sea inapropiadamente alta, ni que la de ella sea inadecuada. De igual manera, es normal que en algunos días la mujer se muestre más interesada en tener intimidad que su esposo. Casi siempre hay algo de asimetría en los deseos sexuales de los cónyuges. El trabajar con estas diferencias podría parecer un reto insuperable. De hecho, Dios diseño la libido sexual de hombres y mujeres con sabiduría y propósitos perfectos. Esta disimilitud trae a los cónyuges una tremenda oportunidad para someterse a las necesidades del otro "en el temor de Dios" (Efesios 5:21).

La mejor manera de resolver esta fuente común de tensión entre los cónyuges es permitir que el amor de Dios fluya a través de nosotros hacia nuestro cónyuge. Para poder hacer esto, debemos primero recibir su amor sobrenatural antes de que podamos darlo, pues es imposible dar algo que no hemos tenido primero. Una vez que el amor apasionado de Dios está en nosotros, el Espíritu Santo nos dará la sabiduría y el entendimiento de cuál es la mejor manera de transmitir este amor a nuestro cónyuge. El amor es solo una parte de lo que es dado sobrenaturalmente a los cónyuges que tienen comunión íntima con el Espíritu de Dios. Hay muchos aspectos de Su fruto, los cuales contribuyen a nuestra habilidad de conectarnos íntimamente con nuestro cónyuge.

El fruto del Espíritu es valioso en cada aspecto de relacionarnos el uno con el otro en el matrimonio, pero no existe otra área donde es tan obviamente importante que en el área de la intimidad física. Cuando los atributos de "amor, gozo, paz, paciencia, benignidad, bondad, fe, mansedumbre, templanza" (Gálatas 5:22-23) se encuentran regularmente presentes en un esposo o esposa, su capacidad de satisfacer las necesidades sexuales de sus cónyuges es incrementada exponencialmente. Esta lista de cualidades es una descripción perfecta del sumo Amante. Aunque es mejor que ambos demuestren estos dones, incluso el cónyuge sobrenatural de un no creyente puede usarlos para traer bendición abundante a la intimidad sexual dentro del matrimonio.

Idealmente, el amor perfecto del Padre fluye libremente a través de ambos en el matrimonio sobrenatural, permitiéndoles compartir la profundidad, riqueza, y belleza de un amor que no tiene fin. La fidelidad a nuestro cónyuge demuestra un compromiso duradero y confiabilidad, los cuales preparan el escenario para una relación cimentada en la confianza. La paciencia y el auto-control guiados por el Espíritu dan como resultado el mejor momento y lugar para la intimidad física, mientras que la amabilidad y la bondad crean un ambiente completamente disfrutable para hacer el amor. Cada cónyuge es eternamente uno con Dios. Mientras que se unen para ser uno entre sí, su percepción de gozo y la experiencia de paz interior son mejoradas sobrenaturalmente.

SABIDURÍA EN LA INTIMIDAD SEXUAL

Pablo escribe a los romanos, "quiero que seáis sabios para el bien, e ingenuos para el mal. Y el Dios de paz aplastará en breve a Satanás bajo vuestros pies" (Romanos 16:19-20). Es de vital importancia que seamos sabios en cuanto a cuál es la mejor manera de experimentar la intimidad física. La sexualidad dentro del matrimonio es algo creado por Dios y está destinada a ser algo muy bueno, A través de ella podemos participar en la creación de nueva vida, compartir demostraciones de amor el uno al otro, y fortalecer la unión matrimonial al dar y recibir placer y amor intensos libremente. Saber cómo satisfacer las necesidades de nuestro cónyuge ayuda a Dios a poner a Satanás debajo de nuestros pies. El ser bueno en las relaciones sexuales requiere ser buenos en agradar a nuestro cónyuge físicamente y también demanda pureza de corazón y aceptación del señorío total de Cristo sobre nuestras vidas. Es sabio ser bueno en las cosas que realmente importan.

El satisfacer la sexualidad reduce el deseo tanto del hombre como de la mujer de buscar gratificación fuera del matrimonio. Cierto, pueden haber otros factores, sin embargo, la insatisfacción sexual es sin lugar a dudas una poderosa herramienta usada por Satanás para destruir la armonía marital. La búsqueda de excelencia en hacer el amor es una manera disfrutable y efectiva para mantener la inocencia y la pureza en el matrimonio, Además, la fidelidad que proviene de Dios es otra fuente de fortaleza que nos capacita para derrotar a Satanás.

Aunque son importantes, las relaciones sexuales no son el enfoque principal de los matrimonios más saludables. Existen situaciones en las que la intimidad física es imposible, sin embargo la unión matrimonial permanece fuerte. Aun así, para la mayoría de los matrimonios el nivel de satisfacción con la intimidad física es un indicador sensible e importante para el bienestar de su relación como un todo. Ambos deben estar complacidos de que sus necesidades sexuales, sin importar el nivel en que se encuentren, son satisfechas adecuadamente, mientras que, al mismo tiempo, ambos experimentan gran gozo al saber que su cónyuge está satisfecho en el área sexual.

Cuando se desarrolla una insatisfacción significativa con la intimidad sexual en uno o ambos cónyuges sobre un período de tiempo extenso, comúnmente indica que algo está mal en la relación matrimonial. Si se ignora esta señal, o si el problema no se identifica y se trata adecuadamente, la frustración y disfunción sexual puede persistir por años. Los cónyuges comprometidos a seguir los caminos de Dios pueden permanecer fieles con sus acciones mientras que se mantienen puros en sus mentes y en su imaginación. Sin embargo, es bastante claro para ambos que algo anda mal.

Es valioso para los cónyuges que se comuniquen regularmente el uno con el otro en cuanto a su nivel de satisfacción sexual. La falta de cumplimiento con cualquier aspecto del matrimonio se trata mejor cuando se identifica. Somos bendecidos cuando encontramos sabiduría y ganamos entendimiento (Proverbios 3:13), los cuales provienen de Dios. La sabiduría nos permite identificar los problemas mientras que el entendimiento nos muestra cómo tratar con ellos. Cuando la fuente del problema se identifica y se sana, cada parte de la relación matrimonial se ve beneficiada.

Una sexualidad satisfactoria provee una fortaleza y estabilidad remarcables para el matrimonio. Ayuda a que ambos cónyuges se mantengan en pureza, permanezcan fieles a Dios, y guarden sus votos matrimoniales. Existen muchas claves para una intimidad física satisfactoria.

SUGERENCIAS PRÁCTICAS PARA LA INTIMIDAD SEXUAL

A continuación les presento algunas maneras de pensar y de actuar que bendecirán a casi cualquier relación matrimonial. Mientras que los lees, permite que activen tu imaginación y considera cómo puedes implementar algunos de ellos en tu relación matrimonial.

- No tomen el acto sexual demasiado en serio. Ríanse y actúen graciosamente. Disfruta al máximo a tu amistad más íntima. ¡Esto es más un juego que una obligación!

- Vayan a la cama juntos y despierten juntos tan seguido como sea posible. Hagan esta su rutina más normal y más deseada.

- Compra lencería bonita y úsala.

- Pon atención a la higiene y a la limpieza física personal.

- Recuerden momentos sexuales particularmente especiales juntos al buscar guardar memorias para el futuro.

- Persuade a tu cónyuge a la intimidad, pero nunca lo obligues.

- El coqueteo visual es divertido, aun en medio de una multitud. Véanse a los ojos en una mirada prolongada que claramente transmita tus pensamientos.

- Tóquense frecuentemente en formas no sexuales. Intensifica gradualmente la intimidad de los toques cuando notes una respuesta receptiva.

- No te apures. Toma tu tiempo y disfruta el proceso.

- Haz preguntas como, "¿Se siente esto bien?" o "¿Qué se sentiría mejor?"

- Haz un esfuerzo por seguir fielmente las instrucciones de tu cónyuge.

- Evita caer en rutinas. La variedad es realmente la esencia de la vida. Usa la creatividad que te dio Dios para variar el momento, el lugar y el ambiente que rodea el juego sexual.

- No dudes en repetir algo que ha dado resultado para ambos.

- Intenten ocasionalmente nuevas posiciones y nuevas maneras de dar placer mutuamente.

- Di "no" cuando sea necesario, pero siempre con amor y con esperanza de manera que tu cónyuge no se desanime a ser creativo en un encuentro íntimo futuro.

- Sorprende a tu cónyuge de vez en cuando con algo completamente inesperado.

- Nunca tengan temor de hacer el ridículo. Puede ser que se pierdan de algo que sea verdaderamente divertido.

- Está bien ser tímido, pero asegúrate que tus deseos son conocidos. Cuando tengas deseo sexual, comunícalo de una manera que sabes que tu cónyuge entenderá. No permitas que tu cónyuge se pierda de la oportunidad de disfrutarte.

- En ocasiones tiene sentido *no* ser prácticos. Pierdan un poco de tiempo de sueño o falten a la reunión que tenían programado asistir. No es terrible llegar tarde al trabajo una vez por trimestre.

La intimidad en el matrimonio ha sido creada para ser inmensamente disfrutable. En ella podemos recibir la recompensa inmediata del amor compartido y del placer intenso. También podemos recibir un alivio profundamente satisfactorio del estrés de la vida. La intimidad es más efectiva cuando cada cónyuge está particularmente enfocado en los deseos, necesidades y satisfacción eventual del otro.

El mejor amante es aquél que es consistentemente lleno tanto del amor *fileo* (familiar, permanente) como del verdadero amor *agape* (desinteresado, dador) por su cónyuge. El amante más satisfactorio no es aquel que tiene más *eros* (deseo erótico), sino el que busca intensa y consistentemente el bienestar de su pareja. Esto puede ser logrado sin importar el estado de la relación del otro con Dios. Un hombre o una mujer llenos con el amor sobrenatural de Dios puede ser el mejor amante posible, incluso para un cónyuge no creyente.

Hace tres años yo tomé la decisión de concentrarme en las necesidades y deseos físicos de mi esposa por encima de los míos propios. Existen días donde sus metas son mucho menos sexuales que las mías. Es mejor demostrar mi amor hacia ella en formas alternativas en esos días, hablando su lenguaje principal del amor al pasar tiempo de calidad con ella, o usando mi lenguaje de amor principal del toque en otras formas que no sean provocativas. La paciencia y el auto-control son parte del fruto del Espíritu. Ambas cualidades son comúnmente desvaloradas en la búsqueda de la intimidad matrimonial. Dios proveerá sobrenaturalmente esas virtudes a quienes son lo suficientemente sabios como para pedirlas. No es de sorprender que nos han llevado a Linda y a mí a un mejor entendimiento de cuáles son los mejores momentos, los mejores lugares, y las mejores maneras de disfrutar nuestra relación sexual.

LA REGLA DE ORO EN LA INTIMIDAD SEXUAL

El axioma principal de la intimidad sexual es el mismo que para el romance cotidiano. Jesús nos recuerda nuevamente: "Así que, todas las cosas que queráis que los hombres hagan con vosotros, así también haced vosotros con ellos; porque esto es la ley y los profetas" (Mateo 7:12). Esto te anima, tú que estás casado, a enfocarte en hacer aquello que más agrada a tu cónyuge. Esto incluye descubrir los ambientes románticos, el momento, y las técnicas que mejor satisfacen los deseos sexuales de tu cónyuge. Su percepción de lo que es romántico y disfrutable es mucho más importante que tu opinión personal. Un cónyuge que se esfuerza verdaderamente por satisfacer las necesidades del otro mejorará la relación sexual de la pareja. Cuando ambos se acercan a la sexualidad con esta actitud, son entonces liberados para disfrutar juntos el potencial completo de su intimidad física. El placer de este tipo de unidad es verdaderamente sorprendente.

Si tú quieres saber lo que es más agradable para tu cónyuge en el matrimonio, entonces simplemente pregúntale. Muchas veces, sin embargo, puede ser difícil contestar una pregunta tan directa. En ocasiones es mejor preguntar al Espíritu Santo qué hacer en cada situación específica. Dios te ha dado oídos para oír lo que el Espíritu te está diciendo en cuanto a tu matrimonio y la mejor manera de buscar la intimidad sexual. Todo lo que tienes que hacer es preguntar y escuchar, y Él te dirá exactamente lo que necesitas saber.

La sexualidad humana es una expresión de amor diseñada por Dios para bendecir simultáneamente a ambos participantes. Es una demostración física compartida de una conectividad emocional y espiritual que honra tanto el matrimonio como al Creador del matrimonio. Dios es amor, y él es el mejor de todos los amantes. Él creó cada parte de tu anatomía sexual y te dio el deseo físico que te atrajo a tu cónyuge.

Dios también es el mejor Maestro, quien está dispuesto y es capaz de enseñarte lo que debes hacer para satisfacer a tu cónyuge con el cual eres uno. Simplemente pide y te será dado: "Hasta ahora nada habéis pedido en mi nombre; pedid, y recibiréis, para que vuestro gozo sea cumplido" (Juan 16:24).

Capítulo Quince

LA IMPORTANCIA DE LA PUREZA SEXUAL

Hemos llegado al final de nuestro estudio del tema del matrimonio sobrenatural. Hemos hablado de cómo somos capaces de andar en él y los beneficios que puede darnos al caminar con Dios y con nuestro cónyuge en el ámbito de lo sobrenatural. Este tipo de matrimonio sobrenatural solo puede llevarse a cabo mientras que caminamos con el Dios de lo sobrenatural, quien es Jesucristo mismo. Pero antes de que concluyamos nuestro estudio, quiero compartir contigo sobre la importancia de la pureza sexual para mantener tu matrimonio anclado de forma segura en el ámbito de lo sobrenatural. Si no tenemos pureza en nuestros corazones y en nuestras vidas, estamos abriendo una puerta al enemigo e invitándole a entrar a robar y matar y destruir (Juan 10:10).

Dios es poderoso y majestuoso – lleno de rectitud y justicia. Es temido por aquellos que se oponen a Él debido a su capacidad y disposición, cuando es necesario, de responder con finalidad devastadora. Aun así, recientemente las palabras de Steve Mitchell mientras dirigía la alabanza me recordaron que Dios tiene otro lado, el cual es muy tierno y emocional. Verdaderamente lo lastimamos con nuestra rebelión y desobediencia a Él y a su Palabra. La impureza trae gran dolor al corazón de Dios porque Él se lo toma personal. Nosotros, de la misma manera, debemos tomar nuestro llamado a la pureza con seriedad.

Menospreciando la pureza

El lado sensible de Dios es descrito en Cantar de los Cantares. Su corazón es apresado con una mirada de nuestros ojos: "Prendiste mi corazón, hermana, esposa mía; has apresado mi corazón con uno de tus ojos, con una gargantilla de tu cuello" (Cantares 4:9). Imagina cómo una vida llena de obediencia en amor pudiera desarrollar el romance íntimo que Jesús desea tener con cada uno de nosotros como parte de su novia. Cada movimiento que hacemos para acercarnos al Amante de nuestras almas fortalece el lazo compartido de amor. Cada vez que le decimos sí, su corazón tierno es apresado una y otra vez.

Si continuamos viviendo en impureza, el amor apasionado de Dios por nosotros no cambia; sin embargo, la conexión íntima de nuestra relación con Él no será la misma. Esta no es una respuesta vengativa de Dios, sino el resultado natural de nuestros pensamientos y acciones que persisten resistiéndose a Su santidad. Dios es completamente santo y si vamos a estar en Él y El en nosotros, como Jesús declaró (Juan 17:21), debemos buscar sinceramente la santidad. Sin santidad, dice el autor de Hebreos "nadie verá al Señor" (12:14) y Jesús dijo algo muy similar cuando dijo que un corazón puro era un prerrequisito para ver a Dios: "Bienaventurados los de limpio corazón, porque ellos verán a Dios" (Mateo 5:8).

Con su sacrificio en la cruz Jesús hizo que todos los que son salvos sean posicionalmente perfectos mientras que continua haciéndolos santos en sus conductas: "porque con una sola ofrenda hizo perfectos para siempre a los santificados" (Hebreos 10:14). Somos llevados a la santidad a través de la presencia del Espíritu Santo dentro de nosotros. El Espíritu pone las leyes de Dios en nuestros corazones y las escribe en nuestras mentes: "Este es el pacto que haré con ellos después de aquellos días, dice el Señor: pondré mis leyes en sus corazones, y en sus mentes las escribiré" (Hebreos 10:16). El Espíritu de Dios que vive dentro de nosotros nos muestra el camino que debemos seguir tal como dirigió a los israelitas con la nube durante el día y la columna de fuego durante la noche (Deuteronomio 1:33). El seguir la guía del Espíritu no es difícil, como comúnmente se piensa. La gloria de Dios pasando delante de nosotros hace que el camino del justo sea nivelado y liso (Isaías 26:7). Cuando somos fieles con un poco de la presencia íntima de Dios, Él nos da más – similar a lo que sucedió en la parábola de los talentos (Mateo 25:28-29). Al continuar incrementando nuestra conexión con Dios a través del Espíritu Santo, somos cambiados literal y permanentemente.

EL CICLO DE PUREZA

Tenemos la tendencia de menospreciar la importancia de la pureza y sobreestimar la dificultad para alcanzarla. La pureza es digna de una búsqueda apasionada por parte de todo los creyentes. Nosotros no podemos ser santos por nuestras propias fuerzas – la santidad solamente puede ser alcanzada cuando el Espíritu de Dios produce fruto en nuestras vidas. Sin embargo, cuando nuestros cuerpos son los templos terrenales que alojan la presencia real del Espíritu Santo de Dios, somos atraídos a vivir vidas que son santas. La gloria de Dios nos transforma para que seamos cada vez más santos porque esa es Su naturaleza. Es un verdadero gozo llegar a ser puros delante del Señor. Nosotros demostramos cuánto valoramos el regalo de amor de Dios al corresponderle de manera amorosa por medio de una obediencia fiel. Jesús dijo, "El que me ama, mi palabra guardará; y mi Padre le amará, y vendremos a él, y haremos morada con él" (Juan 14:23).

El plan de Dios para la pureza es extremadamente sencillo, pero también sabio y efectivo. Como Dios es amor (1 Juan 4:8), nosotros recibimos su amor al experimentar su presencia. El amor y la presencia de Dios están ligados permanentemente. Nosotros respondemos al amor de Dios al amarle a Él. "Nosotros le amamos a él, porque él nos amó primero," escribe Juan (1 Juan 4:19). Y como Jesús dijo en Juan 14, nosotros demostramos nuestro amor por Dios al obedecer voluntariamente. Cuando obedecemos amablemente a Aquel que nos llama a ser santos (Levíticos 11:45), Dios realmente nos cambia para que seamos más como Él mismo. Lo que ocurre no es teología ni semántica. A través de la transformación por Dios nos volvemos literalmente más puros en nuestros corazones y santos en sus ojos.

CICLO DE PUREZA

Presencia / amor
1 Juan 4:8
(Lo que recibimos)

Santos / puros
Levítico 11:45
(Lo que llegamos a ser)

Amorosa obediencia
Juan 14:23
(Cómo respondemos)

Este ciclo de pureza puede auto-perpetuarse y nunca terminar. Como una bola de nieve en una colina, que adquiere un impulso y continuamente sigue creciendo en sí misma. Al volvernos santos, Dios compartirá más libremente su presencia con nosotros. Nosotros respondemos a este incremento de su presencia amorosa con más obediencia consistentemente voluntaria. Cando somos más fieles a la guía de Dios, Él incrementa nuestro nivel de pureza. Literalmente nos volvemos santos para el Señor y un lugar atractivo para que descanse la gloria manifiesta del Santo Dios. La importancia de este ciclo eternamente giratorio no puede ser exagerada. Si vamos a cumplir el propósito por el cual fuimos creados, es esencial que seamos santos y reflejemos Su carácter en nuestras vidas.

PUREZA PARA TODA LA VIDA

La pureza ante Dios es comúnmente inculcada en los jóvenes y señoritas durante sus años de noviazgo, y desafortunadamente, esta enseñanza es muchas veces ignorada cuando se trata de ponerla en práctica. El participar de pecado sexual a cualquier edad tiene como resultado ondas dañinas que traen un daño personal y relacional que puede persistir para toda la vida. Existe una buena razón en por qué Pablo nos enseña que incluso un poco de impureza es inapropiada para la gente santa de Dios: "Pero fornicación y toda inmundicia, o avaricia, ni aun se nombre entre vosotros, como conviene a santos" (Efesios 5:3). Él también escribe a la iglesia en Corinto con esta advertencia, "Huid de la fornicación" (1 Corintios 6:18). Estas son palabras fuertes debido al daño extremo causado por cada relación sexual fuera del matrimonio. Ciertamente, la gracia de Dios es suficiente para limitar el daño causado cuando las personas participan de estos pecados, y debemos recordar que "ninguna condenación hay para los que están en Cristo Jesús" (Romanos 8:1). Pero aun así, como David aprendió luego de su pecado con Betsabé, el participar del pecado causa un daño serio a los involucrados, y tiene como resultado consecuencias negativas que llegan muy lejos (2 Samuel 12:9-14).

Aunque tendemos a relajar nuestra atención a este asunto después de que hemos tomado los votos matrimoniales, la importancia de la pureza total no disminuye en lo más mínimo. La conveniencia y la disponibilidad de la gratificación sexual con nuestro cónyuge no alteran los patrones de egoísmo, rebelión, y lujuria, que pueden haber estado presentes durante años antes de la boda. Si Satanás ha tenido éxito en llevar a una pareja al comportamiento pecaminoso antes del matrimonio, es seguro que sus esfuerzos para destruir sus vidas no se detendrán solo por el hecho de que han expresado los votos matrimoniales, aun cuando se hayan hecho con un compromiso genuino.

La pureza sexual en el matrimonio va mucho más allá que simplemente evitar el acto físico del adulterio. Nuestro interés sexual debe estar completamente dirigido hacia nuestro cónyuge si es que vamos a caminar en justicia y santidad delante del Señor. Este enfoque se consigue únicamente al rendir control total de nuestros pensamientos, planes, actividades recreativas, opciones de entretenimiento, y relaciones al Espíritu Santo. Nuestra imaginación debe estar también completamente bajo el señorío de Jesús. Inclusive durante el acto sexual dentro del matrimonio, nuestra imaginación puede desviarse hacia la impureza y maldad. Cualquier forma de impureza persistente puede destruir la conexión cercana con Dios y eventualmente devastar la intimidad física y emocional, las cuales son vitales para el matrimonio.

Fuente de esperanza

El reconocer el comportamiento pecaminoso puede ser en realidad una fuente de esperanza. Nuestro deseo de ser cada vez más santos puede ser renovado al darnos cuenta que aún no hemos alcanzado la perfección. La confesión de nuestros pecados a otros, incluyendo a nuestro cónyuge a menudo, es necesaria para que Dios perdone nuestros pecados y nos purifique de toda maldad. Juan escribió, "Si decimos que no tenemos pecado, nos engañamos a nosotros mismos, y la verdad no está en nosotros. Si confesamos nuestros pecados, él es fiel y justo para perdonar nuestros pecados, y limpiarnos de toda maldad" (1 Juan 1:8-9). El amor sobrenatural de Dios puede llevarnos a la obediencia fiel, honrando el señorío total de Dios en nuestras vidas.

Después de haber sido confrontado por el profeta Natán, David confesó su pecado y se humilló a sí mismo delante de Dios (2 Samuel 12:16). Él caminó nuevamente en obediencia delante del Señor, cumpliendo su destino principal por el cual había sido creado. Sin importar lo que hemos hecho, Dios es completamente capaz de transformarnos en los santos sacerdotes que hemos sido destinados a ser (1 Pedo 2:5). El destino total de David no fue completamente frustrado por el hecho de que cayó en un momento de debilidad. No, Dios aún así usó todas las cosas para bien para cumplir su propósito en la vida de David, incluso el extender bendiciones a través de los descendientes de David hacia nosotros hoy en día.

EL PLAN PERFECTO DE DIOS

Como sacerdotes santos de un Dios Santo, nosotros somos llamados a hacer nuestra parte al cumplir el plan del santo matrimonio. Dentro de cada uno de nosotros hay una capacidad inmensa para dar y recibir amor sobrenatural. Salomón compara las relaciones matrimoniales, así como nuestra relación con Dios, a un magnífico jardín lleno de todo placer visual, táctil, y olfativo imaginables.

Salomón escribió:

Huerto cerrado eres, hermana mía, esposa mía; fuente cerrada, fuente sellada. Tus renuevos son paraíso de granados, con frutos suaves, de flores de alheña y nardos; nardo y azafrán, caña aromática y canela, con todos los árboles de incienso; mirra y áloes, con todas las principales especias aromáticas. Fuente de huertos, pozo de aguas vivas, que corren del Líbano. Cantares 4:12-15

En el plan perfecto de Dios, tanto hombres como mujeres entran vírgenes al matrimonio. La pureza en este punto de la vida es comparada a un huerto cerrado, una fuente cerrada, y una fuente sellada. El potencial para el crecimiento, el placer, y la creación de vida ha sido contenido por años, retenido para su lanzamiento de celebración durante la consumación del matrimonio. En el matrimonio somos liberados para disfrutar del placer relacional y sexual completos cuando Dios une a dos para ser una sola carne.

La fuente de huertos y el pozo de aguas vivas del versículo 15 representan las corrientes de agua viva que Jesús dijo que fluirían de dentro de nosotros (Juan 7:38). Un cónyuge que es creyente trae esta misma agua viva al jardín del matrimonio. En el matrimonio sobrenatural la presencia literal del Dios viviente y verdadero es llevada dentro de la relación marital. El agua viva del Espíritu brota por siempre del amor perfecto de Dios. Con un suministro interminable de vida siendo vertida en el jardín, su potencial para el crecimiento es ilimitado. El agua que corre del Líbano a Israel era deliciosamente pura. De igual manera, cada cónyuge en comunión íntima con Dios trae a la relación "agua que salte para vida eterna" (Juan 4:14). Este jardín es gloriosamente bello porque es suplido constantemente con agua pura para vitalidad y crecimiento.

El matrimonio sobrenatural es muy parecido al magnífico jardín descrito en Cantar de los Cantares. Cuando ambos cónyuges buscan sinceramente la intimidad con Dios y entre ellos mismos, su relación puede ser llena de una belleza asombrosa a través de la presencia continua de Dios mismo. Cuando ambos están en Dios y Dios está en ellos, su jardín matrimonial se convierte en una reiteración moderna de la unidad idílica que Adán y Eva disfrutaban en el Jardín del Edén. Si ambos cónyuges buscan verdaderamente primero el Reino de Dios y su justicia, todas las coas que necesitan para su vida y ministerio juntos les serán dadas también (Mateo 6:33).

TODOS HEMOS PECADO

Semejante a Adán, todos hemos pecado y somos destituidos de la gloria de Dios (Romanos 3:23). Cualquier forma de desobediencia nos impedirá temporalmente participar plenamente del gozo puesto delante de nosotros. Cuando nos damos cuenta de la imperfección, no debemos desanimarnos. Podemos continuar siendo agradecidos porque todavía tenemos un sinfín de oportunidades.

El ángel de Dios le gritó a Lot mientras que él y su familia huían por sus vidas de la maldad de Sodoma y Gomorra: "Escapa por tu vida; no mires tras ti, ni pares en toda esta llanura; escapa al monte, no sea que perezcas" (Génesis 19:17). Mientras que huimos no debemos mirar hacia atrás en ninguna manera para ver la maldad de nuestras experiencias pasadas. Nuestra libertad puede ser puesta en peligro ya sea por revivir los placeres del pecado por por aferrarnos a la vergüenza relacionada con nuestra rebelión en contra de Dios. Es de igual importancia el no descansar y conformarnos con lo que ya tenemos o con el nivel de santidad que hemos conseguido. El riesgo de muerte espiritual es muy real si nos detenemos a descansar en el plano de la autosatisfacción. Todos necesitamos ser más santos delante del Señor, y ninguno de nosotros hemos alcanzado la santidad perfecta en esta vida. Esta meta solo puede ser alcanzada si continuamos nuestro camino hacia la morada de Dios. El camino a una pureza mayor es a través de buscar y permanecer en la presencia del Dios Santo.

Linda y yo hemos estado muy lejos de la perfección, sin embargo hemos podido experimentar un gozo que va más allá de nuestras expectativas a lo largo de nuestro matrimonio. Hubo años en los que me quedé descansando, creyendo que el relajarme era aceptable porque ya me encontraba cerca de la cima de la montaña. Al considerar esa porción de mi vida, puedo ver claramente que durante esos años experimenté o logré poco que tuviera un valor eterno. Pero Dios es fiel aun cuando nosotros no lo somos. Aunque somos vasijas frágiles, el poder de Dios que lo supera todo puede ser reflejado en nosotros (2 Corintios 4:7).

Hace tres años, para mi gran sorpresa, Dios abrió sobrenaturalmente mis ojos y me permitió ver un destello de su gloria. El Señor me permitió probar y ver que Él es indescriptiblemente bueno. Desde entonces he podido reconocer que la belleza del jardín matrimonial sobrenatural de Dios va más allá de la imaginación humana. El deleite de disfrutar de su fruto no puede ser exagerado o siquiera descrito adecuadamente con palabras. Dios, a través de su amor eterno y sabiduría incomparables, me ha pagado por los años que destruyeron las langostas (Joel 2:25). Verdaderamente somos "más que vencedores por medio" del poder y la gloria de "aquel que nos amó" (Romanos 8:37). Sus promesas son tan reales para ti como lo son para mí. No existe motivo para aceptar la derrota cuando, como vencedores, somos llevados a la victoria del "Rey de reyes, y Señor de señores" (1 Timoteo 6:15).

Relación llena de pasión

La relación de amor que tenemos con Dios está destinada para estar llena de pasión. Él desea que su amor arda dentro de nosotros como un fuego ardiente y que nos sostenga tan tenazmente como una tumba abraza los cuerpos mortales en la muerte. Salomón nuevamente escribió: "Ponme como un sello sobre tu corazón, como una marca sobre tu brazo; porque fuerte es como la muerte el amor; duros como el Seol los celos; sus brasas, brasas de fuego, fuerte llama" (Cantares 8:6). Dios diseñó el amor entres los cónyuges para que sea paralelo con nuestra relación de amor con Él. Somos atraídos sobrenaturalmente a nuestros cónyuges por una pasión implacable y ardiente para ser uno solo con ellos mientras que estamos en la tierra de la misma manera que lo seremos por la eternidad con Dios mismo.

Existen muchas maneras en que este celo relacional puede ser expresado y recibido. Ciertamente la intimidad sexual es un medio maravilloso para demostrar el amor apasionado. Hay ocasiones, sin embargo, en que este tipo de cercanía física no es una opción. Aún así, la comunicación de un amor ferviente debe continuar. La pasión debe ser compartida entre los cónyuges aun en la ausencia de las relaciones sexuales. Durante esos momentos, los sentimientos románticos, el compromiso consistente, y el amor intenso puede continuar siendo compartido entre los cónyues de muchas maneras verbales y no verbales. La creatividad se vuelve mucho más importante cuando las opciones son reducidas.

La verdadera pureza es necesaria por parte de ambos para que su relación pueda ser consistentemente satisfactoria y saludable. En mi opinión, nada tiene más potencial para dañar o destruir la unidad matrimonial que la infidelidad – ya sea infidelidad en palabra, pensamiento o acción. Las personas que demuestran una fidelidad completa a sus cónyuges establecen un ambiente de confianza, el cual es tierra fértil para el crecimiento del amor genuino y el romance gozoso. También es en un ambiente de confianza donde existe un crecimiento para la intimidad sexual satisfactoria.

La sexualidad es un regalo de Dios

La sexualidad humana es un regalo divino del Dado de todo lo que es necesario y de todo lo que es bueno. Cuando es experimentada dentro de los límites perfectamente seguros del lecho matrimonial, se vuelve uno de los instrumentos que Dios usa para dar a sus hijos una paz indescriptible de cuerpo, alma, y espíritu. Esto trasciende todo entendimiento (Filipenses 4:7). El método principal para recibir el regalo de paz es una conexión directa e íntima de Espíritu a espíritu con Jesús, el Príncipe de Paz. Sin embargo, cuando los creyentes casados, cada uno lleno del Espíritu de Jesús, se unen en una sola carne, su unión toca tanto el ámbito natural como el sobrenatural. El resultado puede ser un tiempo de completa unidad entre un hombre, una mujer, y Dios – un momento de epifanía en cual crea ondas de gran importancia tanto en el ámbito natural como en el eterno.

La intimidad sexual dentro del matrimonio es la versión adulta del patio de recreos de kínder el cual escribí en el primer capítulo. La clave de esa historia es que los límites que Dios ha establecido no son para restringir nuestro placer en la vida. Más bien, nos protegen y nos bendicen al permitirnos que disfrutemos plenamente como esposo y esposa cada forma de interacción física razonable y segura.

El Espíritu Santo está directamente en el centro del matrimonio sobrenatural. Donde "está el Espíritu del Señor, allí hay libertad" (2 Corintios 3:17). Dentro del santo pacto del matrimonio somos completamente libres para vivir y para amar. El sexo es diseñado por Dios para ser increíblemente disfrutable y satisfactorio tanto para el esposo como para la esposa. A través del matrimonio somos libres para buscarlo, explorarlo, y disfrutarlo. Al Dios revelarnos cómo dar y recibir amor plenamente el uno al otro, nos volvemos verdaderamente libres.

El plan de Dios para nosotros es completamente perfecto. Cuando respondemos obedientemente y de buena gana a su dirección, somos bendecidos en cada área de nuestras vidas mucho más de lo que pudiéramos soñar. La frase que linda escuchó mientras nadaba ese día en la alberca de YMCA es simple, pero profunda. Para aquellos involucrados en un matrimonio sobrenatural es algo confiablemente verdadero. ¡Lo santo es verdaderamente DIVERTIDO! ¡Ahora, ve y disfruta ese patio de juegos!

Apéndice

Consejos para Laura: Cómo vivir en yugo desigual

Linda y yo recientemente pasamos una tarde hablando y orando con una mujer a quien llamaré Laura por proteger su identidad. Por años ella ha estado comprometida a seguir obedientemente a Jesús con todo su corazón. Su fe en Dios es real y su amor por Él es profundo. Laura es una creyente seria y madura.

La frustración principal en la vida de Laura es que su esposo es un cristiano solo de nombre, quien está bastante contento con quedarse tan cual está. A él le gusta estar con Laura y lamenta el tiempo que ella pasa lejos de él mientras que ella participa en la adoración, el estudio bíblico, la oración, y el estar involucrada en ciertos aspectos del ministerio. La parte más importante y disfrutable de la vida de Laura es el tiempo que pasa en conexión cercana con Dios. Sin embargo ella no puede hablar de esto con su esposo porque el hacerlo lo deja molesto y enojado.

Hace tiempo que los poderes de las tinieblas levantaron un muro espiritual entre Laura y su esposo. Estos dos individuos son una sola carne en el matrimonio, pero ven la vida desde el punto de vista de dos reinos completamente diferentes. Laura y su esposo tienen creencias distintas en lo que se refiere a lo que es verdaderamente valioso en sus vidas. Con el tiempo el muro entre ellos se ha vuelto tan grueso que parece impenetrable para compartir emociones saludables o para comunicar amor.

Laura se había desanimado extremadamente y estaba a punto de perder toda esperanza para el futuro de su matrimonio. Ni ella ni su esposo tenían falta de compromiso hacia la relación, no tenían deseos de separarse, y el amor que sentían mutuamente era indiscutiblemente real. Sin embargo, ninguno de ellos estaba satisfecho con la calidad de su relación matrimonial. Las cosas entre ellos habían estado fuera de balance por años y no había indicio de que hubiera mejoría pronto.

Laura vino a platicar conmigo y con Linda sobre sus problemas matrimoniales. No vino a nosotros buscando nuestro consejo humano, sino buscando revelación divina junto con nosotros. Solo la sabiduría sobrenatural de un Dios santo puede proveer la solución a problemas aparentemente insuperables. La presencia del Espíritu Santo recibida en uno de los cónyuges provee a la unión matrimonial el acceso a los bienes milagrosos del Reino de luz de Dios. Apoyado por la gloria del Señor, lo improbable se vuelve probable y lo imposible se vuelve posible.

Existen muchas personas como Laura, tanto hombres como mujeres, que experimentan una desconexión muy incómoda con sus cónyuges en cuanto a temas espirituales. El grado de separación causado por esto es muy variado, pero siempre es de gran importancia. Aun cuando ambos compañeros están fuertemente comprometidos con Dios, Satanás usa la división espiritual como un arma para atacar las relaciones individuales con Dios y para quebrantar la estabilidad del pacto matrimonial mismo. Si este ataque no es enfrentado con la verdad, el amor, y el poder de Dios, el resultado puede ser devastador.

Yo honro a todas las Lauras del mundo que demuestran valor, integridad, y fortaleza de compromiso al mantenerse firmes, aunque se encuentren en yugo desigual en sus matrimonios. En ocasiones parece más fácil simplemente irse, pero continúan en su relación con sus cónyuges por su deseo de honrar a Dios. La esperanza pareciera escasamente real en ocasiones, sin embargo permanece porque ellos creen en la verdad invariable de Dios y en la bondad de su plan. Ellos no se rinden porque ellos saben que "para Dios todo es posible" (Mateo 19:26).

Si tú estás en la misma situación que Laura hoy en día, permíteme recordarte algunas cosas que tú ya sabes referente a las luchas en tu matrimonio. A veces es útil escuchar la verdad otra vez como si fuera la primera vez. Dios alegremente comparte su sabiduría y conocimiento con aquellos que desean aprender. A través de la sabiduría y el conocimiento de Dios transmitidos, Él va a prosperarte a ti y a tu unión matrimonial. Tú vas a ser bendecido cuando encuentres sabiduría y adquieras conocimiento, pues estos son más provechosos que la plata y producen mejores ganancias que el oro (Proverbios 3:13-14). A través del conocimiento tu vida puede ser llena de "todo bien preciado y agradable" (Proverbios 24:4). Puesto que has probado las dulces bondades de Dios, "tendrás recompensa, y al fin tu esperanza no será cortada" (Proverbios 24:14).

> Porque Jehová da la sabiduría, y de su boca viene el conocimiento y la inteligencia. El provee de sana sabiduría a los rectos; es escudo a los que caminan rectamente. Es el que guarda las veredas del juicio, y preserva el camino de sus santos. Proverbios 2:6-8

Consejos prácticos

A continuación te presento algunas de las cosas que Dios ha traído a nuestras mentes la noche que hablamos y oramos con Laura:

- Tal como tú, tu cónyuge fue creado a la imagen de Dios. De modo que, honra a tu cónyuge siempre que sea apropiado.

- Permite que la paz de Cristo reine en tu corazón y se agradecido (Colosenses 3:15). Expresa honestamente tu agradecimiento siempre que sea posible por tu cónyuge y por las cosas que hace.

- Dios tiene un plan maravilloso para ti, y Él tiene un plan sorprendente y específico para tu cónyuge también.

- Jesús amó a tu cónyuge lo suficiente como para morir por él.

- Aprende a amar sobrenaturalmente (agape) a tu cónyuge aun si parece no merecerlo. Jesús dijo que incluso amáramos a nuestros enemigos (Mateo 5:44).

- Tu comportamiento amoroso no debe depender de la respuesta de tu cónyuge. Jesús nos amó primero aun cuando nosotros no lo merecíamos. Él murió por nosotros sabiendo que nosotros nos comportaríamos de mala manera (Romanos 5:6). "Nosotros le amamos a él, porque él nos amó primero" (1 Juan 4:19).

- El tipo de amor requerido no puede venir por sí solo. Pide revelación en cuanto a cómo amar a tu cónyuge. El amor sobrenatural por otra persona no se basa en quienes son en este momento. Este amor es activado al visualizar proféticamente quién esa persona ha sido destinada a ser.

- Acepta y obedece las instrucciones creativas del Espíritu Santo en cuanto a cómo mostrar amor hacia tu cónyuge. No rechaces nada de lo que te pida que hagas el Espíritu de

Dios. Los caminos de Dios muchas veces no tienen sentido en nuestras mentes naturales, pero cuando somos obedientes, siempre producen resultados maravillosos.

- No te desanimes por tus circunstancias presentes. El Lugar donde te encuentras ahora no limita a dónde Dios quiere llevarte en el futuro.

- La transformación milagrosa puede ocurrir de un momento a otro. Así que espera que lo imposible suceda en cualquier momento.

- La esperanza no te decepcionará (Romanos 5:5). Dios ha puesto la esperanza en tu corazón para darte el gozo, la fortaleza, y la fidelidad que te llevarán al otro lado de la trampa de desánimo de Satanás.

- No culpes a tu cónyuge con quien estás unido en yugo desigual. La culpa traerá amargura y resentimiento. Esto lastima aun más una relación en lugar de permitir la sanidad.

- No existe una excusa aceptable que justifique palabras o acciones intencionadas para causar dolor. Las cosas inapropiadas que tu compañero te ha hecho o dicho no justifican la venganza. "Bendigan a quienes los persigan; bendigan y no maldigan" (Romanos 12:14 NVI).

- 2 Timoteo 2:23-24 nos enseña: "Pero desecha las cuestiones necias e insensatas, sabiendo que engendran contiendas. Porque el siervo del Señor no debe ser contencioso, sino amable para con todos". Todos incluye también a tu cónyuge. Los argumentos no pueden continuar si es que el fruto del Espíritu se encuentra sobrenaturalmente presente en tu corazón y en tu mente, y es expresado en tus palabras. Pide a Dios más del fruto del Espíritu y también que sea más evidente en tu vida.

- Evita albergar pensamientos de crítica de tu cónyuge. Estos traen mayor daño a una relación ya lastimada. Toma cada pensamiento cautivo a la obediencia a Cristo (2 Corintios 10:5). "Todo lo amable" y "si algo digno de alabanza, en esto pensad" (Filipenses 4:8).

- ¿Qué tan grande es tu Dios? El darte por vencido indica que crees que tu relación matrimonial está tan dañada que Dios no la puede sanar. ¿Crees realmente en sus promesas? Confía en que Dios proveerá todo lo que necesitas para vivir tu vida (2 Pedro 1:3).

- Suplica a Dios por su ayuda. Luego, has todo lo que Él te revela que hagas con la sabiduría, paciencia, ternura, y bondad que Él te provee. Demuestra consistentemente todo el fruto del Espíritu. Esto no es solo tu descripción de trabajo; esto es quien tú estás destinado a ser.

- Sin importar las respuestas de tu cónyuge, el vivir una vida justa no es en vano. El comportamiento piadoso te ayudará a hacer tesoros en el cielo (Mateo 6:20) y puede santificar a un cónyuge no creyente (1 Corintios 7:14).

- Jesús vino para que tú pudieras tener vida en abundancia (Juan 10:10). Una vida abundante en ti atrae a tu cónyuge a la Fuente de vida.

La llave para una vida abundante

La llave a una vida abundante es una intimidad verdadera con Dios. Entre más profundamente enamorado estés de Él, más podrás amar a tu cónyuge genuinamente. El amor perfecto de Dios es en última instancia la fuente de todo lo necesario para crear y sostener un matrimonio sobrenatural. No debes perder la esperanza, porque nada puede separarte de este amor eterno (Romanos 8:35). Al final, Su amor es lo único que necesitas.

Laura, tu deseo por un matrimonio sobrenatural no es un deseo egoísta. Es un reconocimiento espiritual de cómo debieran ser las cosas. Puedes estar confiada en que Su plan para ti es completamente bueno (Jeremías 29:11). La Palabra de Dios es verdad (Juan 17:17) y cada una de Sus promesas serán cumplidas (Josué 23:14). Yo oro que seas bendecida al leer las palabras de este pasaje de Isaías 61. Dios las escribió para ti. En verdad, fueron escritas acerca de ti...

"El Espíritu de Jehová el Señor está sobre mí, porque me ungió Jehová; me ha enviado a predicar buenas nuevas a los abatidos, a vendar a los quebrantados de corazón, a publicar libertad a los cautivos, y a los presos apertura de la cárcel; a proclamar el año de la buena voluntad de Jehová, y el día de venganza del Dios nuestro; a consolar a todos los enlutados; a ordenar que a los afligidos de Sion se les dé gloria en lugar de ceniza, óleo de gozo en lugar de luto, manto de alegría en lugar del espíritu angustiado; y serán llamados árboles de justicia, plantío de Jehová, para gloria suya.

"Reedificarán las ruinas antiguas, y levantarán los asolamientos primeros, y restaurarán las ciudades arruinadas, los escombros de muchas generaciones. Y extranjeros apacentarán vuestras ovejas, y los extraños serán vuestros labradores y vuestros viñadores. Y vosotros seréis llamados sacerdotes de Jehová, ministros de nuestro Dios seréis llamados; comeréis las riquezas de las naciones, y con su gloria seréis sublimes.

"En lugar de vuestra doble confusión y de vuestra deshonra, os alabarán en sus heredades; por lo cual en sus tierras poseerán doble honra, y tendrán perpetuo gozo" (Isaías 61:1-7)

Preguntas para el estudio, discusión y reflexión.

Capítulo 1 - ¡Lo santo es divertido!

1. ¿Te sorprendió leer que lo santo es divertido? ¿De dónde habrá venido la idea de que la santidad impide que disfrutemos las cosas más divertidas de la vida? ¿Quién creó las cosas divertidas de la vida?

2. ¿Cuál de los frutos del Espíritu es más evidente en la forma en que tú y tu cónyuge se relacionan entre sí? ¿Existe algún fruto que falte en su relación?

Capítulo 2 – La tensión entre las dos dimensiones

1. ¿Tienes talentos que necesitan estar conectados con la gloria sobrenatural de Dios? ¿Estás dispuesto a ceder el control personal de tus talentos a Aquel quien te los dio?

2. ¿De qué manera has experimentado lo sobrenatural en tu matrimonio?

Capítulo 3 – Un anhelo por la primavera

1. ¿Cuáles han sido los tres avances más grandes que has experimentado en tu vida? ¿Cómo te preparó Dios para cada uno?

2. Cantar de los Cantares 2:11-12 dice "Porque he aquí ha pasado el invierno..." ¿Cuáles características en tu vida considerarías invierno? ¿Cómo puedes superarlas?

Capítulo 4 – Transformacón total en un congreso de avivamiento

1. ¿En qué difiere la esperanza apasionada de un deseo desesperado y frenético? ¿Por qué es que Dios honra de manera más consistente el primero que el segundo?

2. ¿Qué han hecho tú y tu cónyuge para buscar encuentros espirituales con Dios?

Capítulo 5 – No puedes llegar ahí desde aquí

1. ¿En qué entorno puedes más fácilmente reconocer y experimentar la presencia de Dios? ¿Te colocas de manera regular en esa situación a ti mismo? ¿Crees que a Dios le gusta que le busquemos?

2. "Cualquier creyente que está buscando y esperanzado puede ser lleno con el Espíritu Santo, quien nos lleva al ámbito sobrenatural del Reino de Dios". ¿Estás de acuerdo o en desacuerdo con esta declaración? ¿Están tú y tu cónyuge dispuestos a pedir con esperanza por más de la presencia manifiesta de Dios en tu matrimonio?

Capítulo 6 – Salvador, pero ¿Señor?

1. ¿Has hecho un compromiso sólido con Jesús como tu Señor? ¿Te has arrepentido alguna vez de esto? ¿Por qué piensas que muchos de nosotros nos tardamos en hace verdaderamente este compromiso?

2. ¿De qué manera el recibir el regalo perfecto del amor de Dios nos capacita para aceptar su señorío?

3. Lee Mateo 6:33 con tu cónyuge. Discutan las áreas donde están, o no están, buscando Su Reino primero.

Capítulo 7 – Señorío completo: Permitiendo a Dios
reinar en espíritu, alma y cuerpo

1. ¿Cómo reaccionas cuando lees en Hebreos 12:29 que "Dios es fuego consumidor"? ¿Te asusta esto, o eres atraído más hacia Él? ¿Por qué es que el fuego de Dios es solamente bueno para nosotros?

2. ¿Qué efecto tendría la intimidad con Dios en tu habilidad de amar y bendecir exitosamente a tu cónyuge en el matrimonio?

3. Discutan la siguiente declaración: "La salvación no es un estado de estancamiento".

Capítulo 8 – El plan del matrimonio

1. ¿Por qué quiere Satanás atacar de manera tan implacable al matrimonio? ¿De qué manera 1 Juan 4:4 te da confianza en que el poder sobrenatural de Dios protegerá lo que Satanás busca destruir?

2. ¿Qué es el celo del Señor? ¿De qué manera promueve este celo el matrimonio sobrenatural?

CAPÍTULO 9 – ESTILOS MATRIMONIALES: AMARGADO, TOLERABLE Y FUNCIONAL

1. ¿En qué momento en tu matrimonio has confiado demasiado en tu propia sabiduría y fuerza? ¿En qué ha diferido el resultado cuando has permitido intencionalmente que Dios tome el control?

2. Considerando 2 Corintios 3:18, ¿qué transformación ha ocurrido en ti, en tu cónyuge, y en ambos juntos? Pasen un tiempo agradeciendo a Dios por la transformación que Él ha traido.

CAPÍTULO 10 – ESTILOS MATRIMONIALES: MATRIMONIO EJEMPLAR

1. Describe de qué manera los cuatro tipos de amor son evidentes en el matrimonio ejemplar: ágape, eros, storgos y *fileo*.

2. ¿En qué momentos se ha sentido tu cónyuge honrado o deshonrado por ti? ¿Expresas regularmente palabras de respeto a tu cónyuge?

3. Haz una lista de los deseos y planes que tu pareja ha rendido por amor y honor a ti. Expresa tu gratitud a tu cónyuge y a Dios el día de hoy.

CAPÍTULO 11 – ESTILOS MATRIMONIALES: MATRIMONIO SOBRENATURAL

1. ¿Crees que Dios puede y va a transformarte para que seas el cónyuge sobrenatural que fuiste destinado a ser? ¿Verdaderamente crees que esto puede pasar con aquel con quien te has vuelto una sola carne?

2. ¿Por qué son la intimidad con Dios y la sumisión a su señorío necesarios para que puedas ser un cónyuge sobrenatural?

3. ¿Has experimentado alguna vez el poder de Dios? ¿Cambió esto la forma en que piensas acerca de Dios? ¿Acerca de la vida? ¿Crees que el poder de Dios puede mejorar tu matrimonio?

Capítulo 12 – Los efectos del matrimonio sobrenatural

1. Lee Mateo 18:20. ¿Qué promete Jesús cuando tú y tu cónyuge creyente se unen en Su nombre?

2. ¿Cuáles dones espirituales puedes impartir a tu cónyuge? ¿Y tu cónyuge a ti?

3. ¿Dónde puedes ver vida abundante en tu relación matrimonial? ¿Hay áreas de falta que necesitan ser atendidas?

Capítulo 13 – Romance Sobrenatural: Intimidad emocional

1. ¿Cuáles son los dos lenguajes de amor principales de tu cónyuge? ¿Existe alguna buena razón para no comunicarse usándolos de manera regular?

2. Repasa los consejos prácticos para la intimidad emocional. Elige uno o dos que pudieran ser nuevas ideas para ti y disfruta implementándolas en tu propio matrimonio.

Capítulo 14 – Romance sobrenatural: Intimidad sexual

1. ¿Por qué querrá Dios que te conviertas en un mejor amante para tu cónyuge? ¿Quiere Satanás que tu intimidad sexual sea satisfactoria? ¿Por qué no?

2. Discutan la siguiente declaración de la página 227: "Nuestra conexión íntima con Dios continúa, e incluso es mejorada, durante el acto sexual puro e incorrupto".

Capítulo 15 – La importancia de la pureza sexual

1. La pureza involucra nuestras acciones, pensamientos, e incluso nuestra imaginación. ¿Has notado impureza recientemente en cualquiera de las tres áreas mencionadas? Lee Génesis 19:17. ¿De qué manera el mirar hacia atrás con vergüenza por la impureza pasada puede ser peligroso? ¿Por qué es ir al monte de Dios nuestra única esperanza?

2. Discutan como la intimidad sexual dentro del matrimonio es el patio de juegos seguro al que nos referimos en los capítulos 1 y 15.

Encuentre más información acerca de los autores, sus libros y conferencias, en:

www.supernaturalmarriage.org

(en inglés)

Para más información acerca de XPPublishing y sus libros:
www.XPpublishing.com